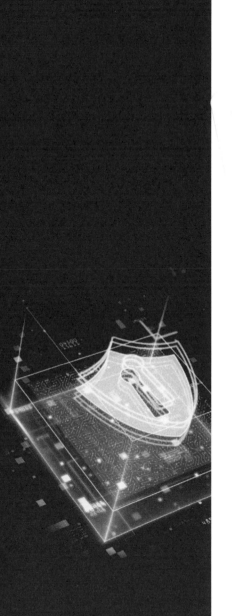

自分ごとの

サイバー
セキュリティ

手口を理解し、対策を知ろう

平山 敏弘

ビジネス教育出版社

はじめに

セキュリティに国境はない

サイバーの世界には国境がありません。その言葉を表面的に理解している方は多いと思いますが、真の意味（リスク）を理解し、サイバーセキュリティ分野で実践できている方・会社はどのくらいいるのでしょうか。

サイバー空間では常に自分にミサイルが向いている状況が基本（通常）です。そのため自分が努力して、そのミサイルを取り除いたり、ミサイルが発射されても撃ち落とす防衛策をとらない限り、安全は訪れません。米国やEU諸国は、サイバー空間より以前の現実世界でそうした脅威に常に晒され続けてきたこともあり、意識は高く自分の身を自分で守るためのサイバーセキュリティ対策が発展しています。

ただし日本は、平和ボケと揶揄されるほど通常状態が安全なので、サイバー空間上も安全であると勘違いし、不用心にもかかわらず安心して過ごしている現状があります。

日本のセキュリティ業界では、以前から「セキュリティは、コストか投資か」といった議論がされてきました。しかし、世界の多くの国では、危険を自ら取り除かなければ「安全・安心」はないため、「コストや投資といった視点で考える以前の問題」です。もし危険

を感じたならば、理屈ではなく本能で安全な状態にしたいと思うはずです。繰り返しますが、サイバーの世界には国境がありません。民族や宗教・人種など、グローバル視点で考える必要があります。そして今あなたが無防備で危険な状態にあるかもしれないことを、本能や心で認識することが必要なのです。

情報の価値の過去と現在

　紀元前5世紀のペルシア戦争において、アテナイとペルシア王国が衝突したマラトンの戦いでは、ペルシア軍の動きを察知したアテナイが、戦いの直前に伝令を200キロ以上離れたスパルタまで走らせ、ペルシア軍を迎撃するための援軍を求めたという伝説があります。実際には十数名の将軍が援軍を求めて伝令に走ったようですが、様々な要因もあり、アテナイはこの戦いで大国ペルシアに勝利を収めることができました。

　また、2011年3月11日に発生した東日本大震災においては、NHKで流れる地震の惨状を見た一人の中学生が「この画面をネットで配信したら、助かる人がいるのではないか」と考え、自分のスマートフォンでテレビ画面を撮影し、それをライブ配信メディアを通じて配信しました。このことはNHKの許可を得ないものでしたが、停電などでテレビから情報を得られない人にとって、貴重な情報源となり、その後NHKや民法各局が公式に番組放送のネット配信を行うことにつながっていきました。

このように情報は紀元前の時代から非常に重要なものとして捉えられており、その文脈や世界観は違えども、極めて貴重な価値を有しています。

現代ビジネスにおける情報の価値

　現代、特にビジネスにおける情報は、ビジネスを維持するためのすべてとも言える価値があります。コカ・コーラのレシピのメモは、コカ・コーラの本社であるジョージア州アトランタにある「ワールド　オブ　コカ・コーラ」にある特別な施設に保管されており、社長や副社長でもその内容は知りません。コカ・コーラの製造方法の情報は、同社のどの情報よりも重要なのです。ケンタッキー・フライド・チキンでも同様の逸話があります。同社は11種類のハーブとスパイスによってチキンを味付けしていることは有名ですが、その配合比率を知っているのは、世界でたった3人のみです。スパイスは複数の工場で数種類ずつ配合されて各店舗に配られています。

　ここまで極端に情報漏えいを恐れないまでも、医療・バイオ・製造・ITなどあらゆる分野で企業情報は最重要の経営要素として捉えられ、分析されて他社に真似される恐れのあるものは、特許等を取得しそれを法務部が強固に管理する形式が取られています。「うちは中小企業だし、特許を取るようなこともないから」と思われる方もいらっしゃるかもしれませんが、見積書の内容、仕入れ先からの価格、自社商品の弱点やキーマンの存在など、他社に漏れてし

まっては大きな打撃となる情報は確実に存在します。

情報に価格がつけられている

　令和の時代では、ありとあらゆる重要情報に価格がついて取引されています。つまり「情報＝お金」という時代なのです。それは個人の情報であっても変わりません。「銀行口座の暗証番号、クレジットカード番号」の情報を盗まれることにより「お金をおろされる、勝手に物を買われてしまう」リスクが発生します。また、クレジットカードの番号やパスワードはダークウェブと呼ばれる闇サイトで１万円程度の価格帯で取引されています。

　また、悪意をもった人間が誰かの「住所や電話番号」を知ることで、「誰かを困らせることができる、迷惑を与えられる」可能性があることから、そういった情報が流出してしまうと「ネットで晒されてしまう」危険性があります。

なぜ情報にはリスクがあるのか？

　昔であれば価値のなかった情報でさえも、現在は「お金」になったり、「人を困らすネタ」になったりします。つまり

情報を持つことに、リスクが生まれてしまった

このように情報に価値が生まれ

⬇

お金になるので、狙われるように

⬇

一度漏えいすると甚大な被害が

⬇

情報に対する危険度を考慮しなければいけない

攻撃者にとってその情報が「価値あるもの」となったため、そこに狙われる危険性が生まれたのです。価値ある情報をお持ちであるみなさんは、その情報に対する危険（リスク）を自ら考慮しなければならない時代に突入しています。

本書の目的・概要

　多くの社会人が、プライベートでも仕事でも、スマートフォンやパソコン・ウェブ上のサービスを活用しています。つまりほとんどの社会人がサイバー空間上で世界中からミサイルを向けられている状態です。そのため、一刻も早く対策を講じられる知識を身に付けてもらいたく、セキュリティの注意点を次の視点より学べる内容となっています。

・最新のサイバー攻撃の脅威が、一般社員にも影響を与える可能性を理解する。
・従来のセキュリティ関連本で学ぶ「禁止事項や操作方法（How to）」中心の内容とは異なり、なぜセキュリティを学ぶ必要があるのか（Why）の視点から、セキュリティの重要性を理解する。

　私は、情報セキュリティの基本を身に付けたビジネスパーソンを「プラス・セキュリティ人材」と呼んでいます。皆様にはプラス・セキュリティ人材となっていただき、ご自身の市場価値を高めてい

ただきたいと考えています。

※本書では、情報技術を介して利用者にサービスを提供する
ものを「システム」と表現しています。特に、よりわかりや
すく情報セキュリティについて理解してもらうために、厳密
な分類を避けて簡潔な表現にしています。

• Contents •

^{Chapter.}
(4) セキュリティ対策基礎技術

^{Chapter.}
**(5) SNS利用におけるセキュリティの
脅威と防御策**

Chapter. ⑥ セキュリティ運用と管理

Chapter. ⑦ サイバー戦争時代のセキュリティ

Chapter. ⑧ セキュリティ人材不足とプラス・セキュリティ

Chapter.

1

セキュリティの概念と
リスクとは

この章では、セキュリティを学ぶ上での
前提基礎知識を学びます。

1/01 情報セキュリティ（CIA）とは

　本書のテーマである「情報セキュリティ」とは、何なのでしょうか？

　日本の産業製品に関する規格や測定法などを定めたJIS（日本産業規格＝Japanese Industrial Standardsの略）には、JIS Q27000という項目があり、その定義によれば、情報セキュリティとは、「情報の機密性、完全性及び可用性を維持すること」となっています。

情報セキュリティの3要素

　機密性、完全性、可用性は、情報セキュリティの3要素と呼ばれ、それぞれの英字の頭文字「機密性（Confidentiality）」「完全性（Integrity）」「可用性（Availability）」をとって「情報セキュリティのCIA」とも呼ばれています。情報セキュリティ3要素のどれか一つだけでも欠けてしまうと、情報漏えいなどセキュリティ上の問題が発生しやすい状況だといえます。

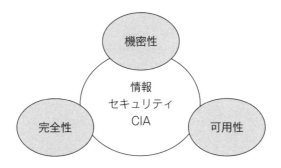

機密性（Confidentiality）

「機密性」は、JIS27000において「認可されていない個人、エンティティ又はプロセスに対して、情報を使用させず、また、開示しない特性」と定義されており、アクセスコントロールや秘匿性とも呼ばれています。

つまり、情報にアクセスすることを許可されたものだけが利用できるという特徴であり、例えばAさんは資料を閲覧・修正できるけれど、Bさんは閲覧しかできない、Cさんは閲覧も修正もできないといった設定のことをいいます。なお、ここで出てくるエンティティという言葉は主体ともいい、情報セキュリティにおける主体とは、情報を使用する組織や人、情報を扱うソフトウェアやハードウェアなど物理的媒体のことをいいます。

完全性（Integrity）

　「完全性」は、JIS27000において「正確さ、及び完全さの特性」と定義されています。ある情報について改ざんや破壊・消去がされておらず、内容が正しい状態を確保・維持することをいいます。例えば、AさんからBさんに送ったファイルは確かに届いても、その中身を途中で改変されていた場合には、完全性を失った状態となります。また、誰かがあなたのアカウントのパスワードを推測して、あなたになりすましてログインし何かを行うといった場合も、完全性の失われた状態といえます。

可用性（Availability）

　「可用性」は、JIS27000において「認可されたエンティティが要求したときに、アクセス及び使用が可能である特性」と定義されています。つまり、情報にアクセスすることを許可されたものが、必要な時にいつでも利用可能であるということです。社内のシステムがしばしばダウンするような状態は、可用性を欠いた状態であるといえます。ただし、完璧なシステムは存在しないので、障害を発生しにくくしたり、または何らかの障害が発生したときに、復旧まで短時間で済むような運用を検討する必要があります。

情報セキュリティの3要素

性質	内容
機密性	情報にアクセスすることを許可されたものだけが利用できること
完全性	ある情報について改ざんや破壊・消去がされておらず、内容が正しい状態を確保・維持すること
可用性	情報にアクセスすることを許可されたものが、必要な時にいつでも利用可能であること

まとめ

　情報セキュリティの3要素である機密性・完全性・可用性は、どれが欠けてもセキュリティ上の問題が発生しやすくなります。この3つのポイントを把握することが、情報セキュリティを理解するための第一歩です。

1/02 マルウェアとは

　情報セキュリティが重要視されている理由は、情報の価値は高く、また悪意をもってその情報を盗んだり、改ざんしようとする攻撃者がいるためです。詳しい攻撃手法については、第2章から詳述しますが、ここではまずマルウェアについて特徴を説明します。

マルウェアとは

　マルウェア（malware）とは、英語のmalicious（マリシャス：悪意のある）にsoftware（ソフトウェア）の2つの単語が組み合わさった造語です。ウイルス（コンピュータウイルス）を中心に、様々な分類があり、ウイルスのほかにもワーム、スパイウェア、ボット、ランサムウェアなど、ターゲットに不利益をもたらす、悪意をもって作られたプログラムを総称する言葉であり、それらをすべてひっくるめて「マルウェア」と呼びます。

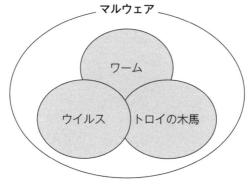

※近年ではこれらすべての特徴を持つマルウェアも登場している

　従来「コンピュータウイルス」という言葉が一般的でしたが、近年ではこの「マルウェア」という呼び方に置き換わってきています。

コンピュータウイルスとは

　コンピュータウイルスは、電子メールやウェブサイトの閲覧などによってコンピュータに侵入する特殊なプログラムのことです。1990年に通商産業省（現在の経済産業省）が告示した「コンピュータウイルス対策基準」においては「第三者のプログラムやデータベースに対して意図的に何らかの被害を及ぼすように作られたプログラム」とされ、自己伝染機能、潜伏機能、発病機能のどれか一つ以上あれば当てはまるとしています。

① 自己伝染機能
ウイルスが自らをコピーして他の機器に感染を広げていく機能

② 潜伏機能

ある一定時刻や、一定時間が過ぎた場合に発病する機能

③ 発病機能

ファイルの破壊などを行う機能

　コンピュータウイルスの大きな特徴としては、自己増殖のために他のプログラムを書き換える点です。ウイルス自体は単体で存在できず、宿主となるプログラムに改ざんによって入り込むことから、自分の分身を作って増えていくその様子がウイルス感染症の様子と似ているため、こうした名称になったとされています。

ワームとは

　「ワーム」とは、コンピュータウイルスのように他のプログラムに依存するのではなく、独立して活動し、ネットワークを介して他のコンピュータ端末に感染を広げるプログラムです。

　ワームの大きな特徴としては、自己増殖を行うという点です。このため、感染が拡大している間はネットワークやCPUに非常に負荷がかかり、感染に気付かれやすいという面もあります。コンピュータを利用している人が何か操作を行わなくても勝手に感染を広げていく様子は、農作物を食い荒らす虫（worm）のように見えることから、この名がついたとされています。

トロイの木馬とは

　「トロイの木馬」とは、ワームのように自己増殖はしませんが、不正のなさそうなソフトウェアやゲームなどに偽装し、利用者が導入することで端末に侵入・潜伏したのちに、一定の条件下で破壊活動を行うものです。ギリシャ神話のトロイア戦争において、中に兵隊を潜ませた巨大な馬の像に由来しています。

マルウェアの分類

名称	特徴
ウイルス	自己増殖のために他のプログラムを書き換える。単体で存在できない。
ワーム	独立して活動し、ネットワークを介して他のコンピュータ端末に感染を広げる。
トロイの木馬	不正がなさそうに装い、一定の条件下で破壊活動を行う。

まとめ

　サイバー攻撃の脅威の1つがマルウェアの存在です。マルウェアの種類は多岐にわたりますが、その大まかな分類を理解することが、セキュリティ対策の手立てとなります。

1
03 セキュリティにおける脆弱性とは

　情報セキュリティを語るうえで欠かせない概念にソフトウェアの脆弱性という概念があります。

　ソフトウェアの脆弱性とは、「ソフトウェア本来の機能に対する欠陥とは異なり、悪意を持った手法によって、攻撃の糸口となりうる箇所」との技術的な定義があります。もっと簡単にいうと、システムやソフトウェアの弱点です。よくバグと勘違いされますが、バグが「ソフトウェア本来の機能に対する欠陥」であるのに対し、ソフトウェアの脆弱性は、「ソフトウェア本来の機能には問題ないが、あえて悪意を持った攻撃者によって発見された攻撃の糸口となりうる箇所」になります。

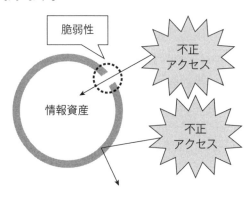

　図にあるように卵の殻の一部に穴が開いて中に侵入できてしまうように、システムにも脆弱性という「穴」ができてしまい、その穴をめがけて攻撃者が不正アクセスを仕掛けてくるため、卵の黄身のような重要な情報資産を傷つけられて（攻撃されて）しまうのです。つまり、脆弱性という穴さえなければ、攻撃者は侵入できません。

　また、ネットワーク上を流れるデータを取得する行為のことを盗聴といいますが、これもネットワークを利用するソフトウェアの脆弱性によるものです。こうした状況において、セキュリティインシデント（情報漏えいなどの情報セキュリティ上の問題が発生すること）発生のリスクを減らすためにできることは次の２つです。

・システム上の脆弱性（弱点）を減らすこと

・あなた自身が脆弱性にならないこと（教育による、各個人のスキルアップが必要）

まとめ

　ソフトウェアの脆弱性とは、「ソフトウェア本来の機能に対する欠陥とは異なり、悪意を持った手法によって、攻撃の糸口となりうる箇所」であり「ソフトウェア本来の機能には問題ないが、あえて悪意を持った攻撃者によって発見された攻撃の糸口となりうる箇所」のことをいう。このため、システム上の脆弱性を減らすことと自分自身が脆弱性にならないことが重要となります。

1 / 04 ネットワークとは

　ネットワークとは、複数のコンピュータやサーバ（様々な機能や情報があるコンピュータ）などとの間で相互に情報をやり取りすることができるよう、回線で結ばれたシステムです。これによって、PCやスマートフォンといった端末でインターネットを介して情報を共有したり、メールでのやり取りができるようになります。

ネットワークの分類

　ネットワークは主に４つに分類されます。会社や学校の建物内など、比較的狭い範囲で構成されるLAN（ラン）、会社の本支店間など、それよりも広範囲で構成されるWAN（ワン）、アクセスできるのが組織内部の人間だけにしかできないイントラネット、そしてみなさんにもなじみのあるインターネットです。

IPアドレス

　さて、世の中には非常にたくさんのPCやスマートフォンのほか、タブレットやスマートウォッチといったデバイスが存在しま

す。インターネットで何かのウェブサイトを見ようとしたときに、なぜ自分のPC端末で見ることができるのでしょうか。

その答えがIPアドレスです。インターネットに接続するすべてのPCには、IPアドレスという固有の住所があり、それによって接続しているPCを識別しています。

一般的な企業でのネットワーク

一般的な企業では、外部とのネットワーク接続（会社のウェブサイト、メールなど）と、社内ネットワークへの接続（売上データなど各種データベースなど）、といったように、複数のネットワークで構成されています。

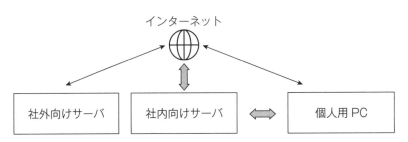

> ### まとめ
>
> ネットワークとはどういうものか、基本的な事項について解説しました。ネットワークがどのように構成されているかは、サイバーセキュリティを理解するうえでも重要です。

1 / 05 無線ネットワークの種類 （Wi-Fi と Bluetooth）

　一般的に家庭やオフィスのPCでインターネットを利用する際には、電話回線等の固定回線とモデムをケーブルで接続し、さらにPC端末をケーブルで接続して利用しています。ケーブル通信は伝送効率が良いのですが、大規模なオフィスでは配線が大変な作業となります。

　これに対しWi-Fi（ワイファイ、Wireless Fidelity）は、家庭やオフィス、カフェ、公共の場など、あらかじめ設置された無線アクセスポイント（無線ルーター）を通じて利用されます。Wi-Fiを使うと、PC端末やスマホなどのデバイスをケーブルで直接接続する必要なく（ワイヤレス）、無線信号を利用してインターネットにアクセスすることができます。このため、部屋のどこでも自由にインターネットを利用することができますし、複数のデバイスを同時に接続することも可能です。

　こうしたメリットがある一方で、オフィスの外からでも情報を傍受されたり、不正利用されたりする可能性があります。これを防ぐために通常はそのままの情報（平文、ひらぶん）を暗号化したり、制御することが行われています。

Wi-Fiがインターネット接続を主にしているのに対し、Bluetooth（ブルートゥース）は機器同士の接続に向いた無線通信技術の1種で、「近距離無線通信」を想定して作られています。近距離というのは大体数メートルから数十メートル程度の距離のことです。これ以上遠いとBluetoothという通信方法には向いていません。

Bluetoothを使うと、デバイス同士をワイヤレス通信させることができます。

例えば、Bluetoothイヤホンをスマートフォンに接続すると、音楽や通話をワイヤレスで聴くことができます。

家庭用ルータ購入の際の注意点

一口にWi-Fiと言っても周波数帯や速度により複数の種類があります。家庭用の無線ルータも、暗号化手法（WPA）のレベルなどセキュリティ標準が異なり、特にメーカーのサポートの切れた古いルータは危険性が高いので、家庭用ルータを購入する際は、速度やセキュリティ標準までを確認して、購入するようにしましょう。

まとめ

サイバー攻撃はインターネット回線を通じて行われることがほとんどです。ネットワークに利用される通信規格とその特徴を理解しておくと、この後の理解が進みます。

Chapter.
2

サイバー攻撃の手法①
ネットワーク編

この章では、ネットワークに関連した
サイバー攻撃の手法について説明しています。

「http://」と「https://」

みなさんは、ChromeやSafari、edgeなどのウェブブラウザを利用して、インターネット経由でいろいろなサイトにアクセスしたことがあると思いますが、その際「http://」と「https://」の違いを意識したことはありますか。httpの後ろに小文字sが入ることでどのような違いがあるのか、ここではhttpとhttpsの基礎知識を説明します。

「保護されていない通信」

どこかのサイトをアクセスした際に「保護されていない通信」と表示されて、ドキッとした経験はないでしょうか。実は、「保護されていない通信」と表示されること自体は問題ではありません。これは、http://www.ｘｘｘｘｘｘ.com/のサイトにアクセスした際に、http通信であるためにこのような表示がされているのです。

HTTPとは

コンピュータ同士が通信をやり取りする際のルールのことをプロ

コトル（通信規則）といいます。私たちがブラウザでいろいろなサイトを見るとき、ブラウザはウェブサイトの情報を持っているサーバに情報を要求し、サーバがブラウザに情報を送ってウェブサイトを表示しているのです。HTTP（エイチティーティーピー）とは、こうしたサーバとブラウザの間でウェブ情報をやりとりするためのプロトコルです。

　HTTPは画像、音声などの様々なデータで構成されたウェブのページを、HTMLやXMLといった言語で記述しています。先ほどみたように、データを要求する側をクライアント、データを送る側をサーバといい、クライアントがサーバにリクエストメッセージを送信し、サーバがこれにレスポンスメッセージを返すことでウェブサイトが表示されていることから、HTTPはリクエスト－レスポンス型のプロトコルといわれます。

HTTPを使用しているウェブサイトへアクセスした際のイメージ

HTTPSとは

　一方、HTTPにSecure（セキュア）の「S」を追加したものが、HTTPSです。正確には、HTTP over SSL/TLS（SSL/TLSについては4.9参照）を略したものであり、メッセージを暗号化されていない平文のままで送受信するHTTPと異なり、メッセージの暗号化、セッション管理（利用者の識別）を行うことによって、盗聴やなりすましによる攻撃からの保護を行っています。

　上記の例では、URLの前に「鍵マーク」が表示されています。これは　https://www.xxxx.co.jp/　と、https通信であることを示すためのものです。

　銀行のキャッシュカード情報やクレジットカード情報などを入力する際に、HTTP通信であった場合には、暗号化されていないままのデータがネット上を流れることになるので、誰かに盗聴や通信データを盗まれた際に、大事な情報が一目でわかってしまいます。

まとめ

　大事な情報をウェブサイトに入力する際などは、HTTPS通信で暗号化されているかどうかを確認することが重要です。逆にHTTP通信で、「保護されていない通信」と表示されても、ただのページ閲覧などでは問題はありません。

　HTTPSのSは「セキュア」の意味なので、自分がいま使用している通信が、暗号化されているのか・いないのかを理解して利用するようにしましょう。

2/02 ネットワークセグメント

　ネットワークセグメントとは、大きなネットワークを小さな部分に分割する方法です。イメージとしては、学校に通う生徒を学年に分けるようなものです。

　例えば学校全体を1つの大きなセグメントと考えてみましょう。学校内には異なる活動や目的のために様々なエリアがあります。1年1組の教室と6年1組の教室は、それぞれ異なる目的を持っているため、別々の教師が担任しています。つまり分けて管理されています。

　同様に、ネットワークセグメントでは、大きなネットワークを異なるグループや目的に基づいて分割します。例えば、企業のネットワークでは、営業部門、開発部門、管理部門などがあります。それぞれの部門は独自のデータやシステムにアクセスする必要がありますが、他の部門のデータにアクセスできないようにすることも重要です。

　セグメント化することにより、ネットワークをより効率的に管理運営することができます。1年生と6年生が一緒に勉強していては何かと非効率であることはイメージしやすいのではないでしょうか。

　あわせて、社内ネットワーク全体を保護するのに効果的です。ど

んなセグメントがあるのかを見ていきましょう。

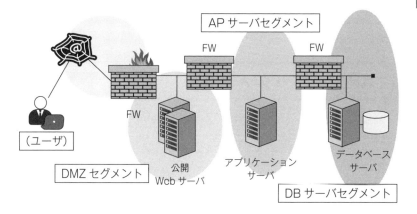

DMZ

　DMZ（DeMilitarized Zone）はインターネットなどの信頼性の低いネットワークと、LANなどの内部ネットワークを分けるというものです。会社のウェブサーバやメールサーバは、内部に設置すると、外部から攻撃を受けた際に、社内ネットワークもハッキング（侵入）されてしまう危険性があります。そこで外部ネットワークと信頼できるネットワークの中間にセグメントを置き、被害をやわらげるということになります。日本語訳では非武装地帯となりますが、決して外部からの攻撃に対処しないという意味ではありません。社外からその企業のウェブサイトにアクセスする人は、その企業のサーバに接続するしかなく、一方で社員はインターネットを利用して情報を得ます。この両者の目的を十分に達することができる

よう、どちらかの行動を制限しないという、緩衝地帯という意味合いが強いものです。

APサーバセグメント

　動画配信サイトやSNSなど、ウェブブラウザを通じて利用するサービスのことをウェブアプリ（ウェブアプリケーション）、またはウェブシステムといいます。なお、普段私たちがスマートフォンで使うような、ダウンロードして使用するアプリのことをネイティブアプリといいます。

　このウェブアプリは一般的に、ウェブサーバ・APサーバ（アプリケーションサーバ）・データベースの3つで構成されています。

　利用者の操作によって、ウェブサーバからAPサーバに「○○をしてほしい」というリクエストが送られます。APサーバにはプログラムが実装（組み込まれていること）されており、リクエスト内容に応じてアプリのプログラムを実行します。必要なデータはデータベースから呼び出し、その結果をウェブサーバに返すといった処理を行っています。

　このAPサーバが配置されるセグメントが、APサーバセグメントです。ウェブサーバは利用者の窓口となり、直接攻撃を受けやすくなるため、そこと切り分けることで攻撃を受けにくくします。

DBサーバセグメント

　ユーザーに対してデータを提供したり、商品情報やユーザー情報などのデータを格納しているのが、DB（データベース）サーバであり、そのデータベースサーバが配置されているのが、DBサーバセグメントになります。利用者からみて一番遠い位置に配置することで、一番重要な情報の安全性を確保することができます。

　このようにセグメントを複数に分け、安全性を確保するのは、それだけインターネット経由でのサイバー攻撃が多いからです。DMZセグメントに配置されたウェブサーバにあるウェブサイトの書き換えなどは昔から多い攻撃ですし、複数のコンピュータから一斉に多くのデータが送られてきて、サーバの処理やネットワークアクセスをダウンさせてしまうDDoS攻撃というような攻撃は、2022年上半期だけで、世界で602万件程度発生しており、年々増加しています。

注意点

　ネットワークセグメントにおいては、一般的に各セグメントの間にファイアウォール（FW）を設置します。ファイアウォールとは、インターネットと組織内のネットワークを分けて、外部の攻撃や不正アクセスから組織内のネットワークやコンピュータを防御するために設置されるネットワーク機器やソフトウェアのことで、建物火

災の被害を低減させるために設置される防火壁にたとえています。

詳しいファイアウォールの働きについては（4.10）で見ていきますが、簡単にいうとネットワーク内の通信において、その通信をさせるかどうか、許可・拒否といった判断をします。これにより、不正なデータ送信やアクセスをしてくる相手先のIPアドレスを設定して、これらの攻撃を内部のセグメントに行かせず、ファイアウォールにおいて阻止することができます。

なお、ファイアウォールはネットワーク上において必要不可欠のセキュリティ対策ですが、これだけで万全とは言えません。実際には複数の対策と併用した運用が求められます。

まとめ

　ネットワークには様々な機能があり、その機能ごとにその求められる安全性が異なるため、セグメントに分けられます。また、インターネットから内部ネットワークへの攻撃に対しては、ファイアウォールの設置が必須ですが、それだけですべてを防ぐことはできないので、複数の対策を合わせて阻止することが必要になります。

2 / 03　ウォードライビング（ウォーダイヤリング）

　ウォードライビングとは、犯罪者が街中を自動車などで移動しながら、PCやスマートフォンを使って、Wi-Fiのアクセスポイント（無線LANのアクセスポイント）を探し回ることです。一定の場所に居続けると不審がられるので、場所を転々と移動します。

　どこに利用可能なアクセスポイントがあるかを探す行為自体は不正なものとは言えないですが、パスワードの脆弱性を突いて勝手にそのアクセスポイントで通信をした場合は不正アクセス行為の禁止等に関する法律（不正アクセス禁止法）に抵触します。

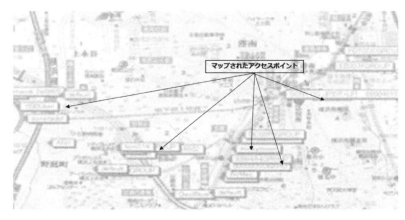

ウォードライビングにより、アクセスポイントを発見し地図上にマップした例

　「ウォードライビング」という名称は、データ通信が電話回線による接続でされていた1983年の米国映画「WARGAMES（ウォー・ゲーム）」の中で、主人公が電話を次々にかけてモデム（パソコンが理解できるデジタル信号と電話回線などのアナログ信号とを、相互に変換するための装置）の接続先を探した「ウォーダイヤリング」というハッキング行為からきています。

対策

　ウォードライビングによって、犯罪者に勝手に自分のネットワークを使われないためには、容易に推測されるパスワードを使用しないことが基本となります。また、Wi-Fiルータの脆弱性が発見されたときには、各メーカーからファームウェア（ルータの内部にある制御装置に組み込まれたソフトウェア）の更新ファイルが配布されることがあります。自らダウンロードして更新することもできますが、近年では出荷時に自動更新ができるように設定されている場合もあります。

03

まとめ

　スマートフォンで街中のWi-Fiを探せば、一瞬で無数の候補が出てくるように、無線LANのアクセスポイントは簡単に見つけられてしまいます。意図しない相手から接続されたり、乗っ取られたりしないための対策として、パスワードの設定やファームウェアの更新などをしっかり行いましょう。

2/04 無線ネットワーク利用時の注意点（邪悪な双子とは？）

前項では誰かが勝手にこちらのアクセスポイントを利用してきた場合のことを述べましたが、逆に、こちらがWi-Fiを利用しようとしたときに、安全なアクセスポイントだと見せかけて、接続してきた端末の通信内容を盗む攻撃方法として「邪悪な双子（悪魔の双子）攻撃（Evil Twins)」があります。

邪悪な双子攻撃の特徴

邪悪な双子攻撃は、カフェや駅構内など公共の場で、正規のアクセスポイントに偽装した無線ネットワーク環境を攻撃者が用意し、一般ユーザーにアクセスさせます。正規のアクセスポイントとほとんど同じか、全く同じ画面を表示してインターネットへ接続させるため、ユーザーが気づくことはほとんどありません。

【みなさんは、3つの違いを瞬時に見分けられますか？】

例えば、東京2020オリンピック・パラリンピック大会の際に、無料の公式無線ネットワークがあったとします。仮に候補の一番上に出てきた「tokyo2020freewifi」が正式なWi-Fiだとします。2番

目に「tokyo２０２０freewifi」、３番目に「ＴＯKYO2020freewifi」表示された際に、あなたはそれが、攻撃者が用意した偽のネットワークであると瞬時に判断できるでしょうか。

この３つの違いは？
瞬時にわかりますか？
tokyo2020freewifi
tokyo2O2Ofreewifi
T0KYO2020freewifi

２番目は、「２０２０」の箇所が、「ニー・ゼロ・ニー・ゼロ」ではなく、「ニー・大文字のＯ（オー）・ニー・大文字のＯ（オー）」となっています。また３番目は、「ＴＯKYO」の箇所が、「ティー・オー・ケー・ワイ・オー」ではなくて、「ティー・（数字の）ゼロ・ケー・ワイ・（数字の）ゼロ」になっています。どちらもスマホの画面でそれらを瞬時に見分けることは難しいでしょう。

そして、このアクセスポイントを利用したユーザーの通信内容を盗聴して、攻撃者は、IDやパスワード、クレジットカード番号などを盗み出します。また、接続したコンピュータにキー入力した内容を盗聴するキーロガー（どんなキーボード入力をしたのかを記憶して、IDやパスワードを盗み出す）やトロイの木馬などのマルウェアを感染させることもあります。

ワイヤレスネットワークから、ID・パスワードは簡単に漏出する

　公共の場でPCやスマホなどを使用中に、IDやパスワード入力画面を少しぐらい覗かれたところで、パスワードは「********」と非表示になっているから大丈夫と考えてはいけません。「********」と非表示になっていることと暗号化されていることとは全く関係ありません。

　暗号化されていない通信であれば、ネット上で誰でも入手することができるWiresharkという解析ツールがあり、これを使用すれば「********」のように見た目には視覚化できないよう表示されていても、簡単に真のパスワードが読み取られてしまいます。

認証が必要　　　　　　　　　　　×

■■■■■■■■サーバーでは、ユーザー名とパスワードが必要です。サーバーからのメッセージ:
Please enter your ID and password

ユーザー名: natsumi

パスワード: ********

ログイン　キャンセル

　なお、「そんな危険なソフトだったら禁止したほうがいいじゃないか」と思われるかもしれませんが、Wiresharkは攻撃用のソフトではなく、ネットワーク系の仕事ではよく使われている一般的なソフトであることはご留意ください。また、このWiresharkは、マルウェアに感染したPCが不審な通信をしていないか、している場合にはどのような内容かを確認することができます。

対策・注意点

　無料のフリーWi-Fiを利用する際には、本当にそれが正しいネットワークなのかを確認しましょう。ホテルのフリーWi-Fiにも注意が必要です。本当にホテルのネットワークなのか確認しましょう。もしかしたら隣の部屋の人が、邪悪な双子攻撃用の偽ネットワークを仕掛けているかもしれません。とりわけ、金銭や個人情報につながる内容をフリーWi-Fiのネットワークを利用してアクセスすることは避けるべきです。

　また、万一邪悪な双子攻撃の罠にはまってしまっても、データが暗号化されていれば、簡単には攻撃者に情報を盗まれることはありません。街中でのフリーWi-Fiを利用して、重要な情報を送受信しないことはもちろんですが、そのアクセスしているサイトとの通信が、例えば「HTTPS」通信、すなわち暗号化された通信であるのかを確認して利用することが重要です。

まとめ

　攻撃者の用意した偽のネットワークにアクセスしないことが大前提ですが、万一のことを考慮して、自分がいま、暗号化された通信を行っているのか、暗号化されていない平文でデータの送受信を行っているのか確認、および意識しておくことは、自分を守るために非常に重要です。

Chapter.
3

サイバー攻撃の手法②
Web編

この章では、Webに関連したサイバー攻撃の
手法について説明しています。

3
01 ウェブアプリの宿命

　サイバー攻撃のほとんどは、インターネットを利用して閲覧することのできるウェブサイトなど、ウェブアプリを狙った攻撃です。なぜウェブアプリケーションが攻撃対象となってしまうのでしょうか？

　それにはウェブアプリケーションの基本的な性質（宿命）が大きく関係しています。前の章でみたように、利用者の操作によって、ウェブサーバからAPサーバに「○○をしてほしい」というリクエストが送られます。そしてAPサーバはリクエスト内容に応じてアプリのプログラムを実行します。

　このように、ウェブブラウザ経由で利用者がウェブサーバにアクセス（リクエストを送信）した際、通常はそのリクエストに応じた内容が利用者に送り返され、予定通りの内容が表示されます。

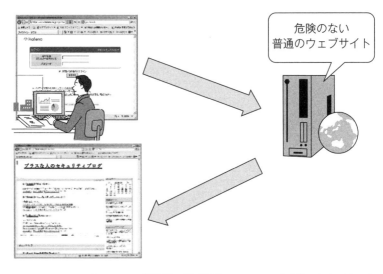

危険のない
普通のウェブサイト

　しかし、ウェブサイトが爆弾（脆弱性をついた攻撃）を処理できない脆弱なものだった場合、攻撃が実行されると、その性質上、次のような宿命をたどることになります。

・ウェブサイトは利用者からの入力（要求）を受け取らなければならない
・中身をいじくられた（悪意を持って爆弾化した）パラメータ（ソフトウェアやシステムの挙動に影響を与える、外部から投入されるデータなど）も受け取らなければならない

　これによって、ウェブアプリが乗っ取られたり、他のシステムへの攻撃の踏み台にされたり、他の利用者をマルウェアに感染させるなど大きな被害をもたらすことにつながります。

　ウェブアプリは本来、悪意を持って爆弾を投げつけてくる者がいると想定していなかった、性善説のような考え方で基本が成り立っているため、システムに脆弱性がある場合、攻撃者にとっては、格好の攻撃対象となります。

対策・注意点

　ウェブサイトは、爆弾を投げつけられても、その爆弾の危険性を取り除き（攻撃の無効化を実施）、ウェブ利用者のブラウザへは、爆弾（汚染されたデータ）を届けないように対応することが必要になります。このような攻撃の無効化対策を実施していないサイトが、脆弱性のあるサイトです。

　ウェブアプリを利用する側の一般利用者としては、自身で脆弱性のあるサイトを見極めることは難しいので、アンチウィルスソフトなど、そのサイトが安全かどうかをチェックするツールを導入して、アクセス前に安全性を確認しましょう。

まとめ

　ウェブアプリはその性質上、悪意のあるリクエストも受け取らなければなりません。このため、脆弱性があると、そこが格好の攻撃対象となるので、危険性を取り除くことと、利用者に危険性を与えないことが重要となります。

3 / 02　クロスサイト・スクリプティング（XSS）

　クロスサイト・スクリプティング（XSS）とは、攻撃者が作成したスクリプト（プログラム）を、脆弱なウェブサイトを介してそのサイトの利用者のブラウザ上で実行させる攻撃のことです。

XSS攻撃の概要

　複数のウェブサイトを介し（クロスサイト）、攻撃を実行する（スクリプトを実行する）ことから、「クロスサイト・スクリプティング（XSS）」と呼ばれます。複数のサイトとは、通常は「攻撃者のサイト」と、「脆弱性があり、攻撃者により攻撃用スクリプトを仕込まれたサイト」の2つのサイトを利用します。

　独立行政法人の情報処理推進機構（IPA）によると、ウェブサイトの脆弱性を狙った攻撃の約半数を、クロスサイト・スクリプティングが占めています。近年のウェブサイトを狙ったサイバー攻撃では、PC側からも、ウェブサイトとのセッション情報（ある利用者がそのサイトの中でどういう動きをしたか）や、キー入力した情報などが盗まれてしまいます。セッション情報を盗まれてしまうと、あなたがよく利用しているサイトに、あなたになりすましてアクセ

49

スされ、サイト上で様々な操作をあなたに代わってされてしまいます。キー入力した情報からは、オンラインバンキングやSNS、およびネット通販などのログイン情報（IDやパスワードなど）、またクレジットカードのカード番号や有効期限の情報、および送信したメールの入力内容なども攻撃者に取られてしまうため、利用者側での注意が必要です。

XSSの攻撃手法

よくある攻撃手法としては、「お得情報」といった件名のメールが送られてくるなど、魅力的なウェブサイトであると思わせて、利用者を悪意のあるスクリプト（簡易プログラム）が仕掛けられたページにアクセスさせます。外から仕込んだ悪意あるスクリプトによって、そのウェブサイトを見た人に悪影響を与える攻撃を行います。

その内容は、例えば誘導された脆弱性のあるサイト上で、個人情報を入力するフォームなどが表示されます。ユーザーがそのフォームに個人情報を入力し、送信してしまうと、脆弱性のあるサイトは

ユーザーの入力内容やCookie（サイトの閲覧やSNSの利用時など、毎回ユーザーIDやパスワードといった情報を入力なしでログインできるように、ウェブサイトに保存する機能）の内容などを攻撃者に送信するなどします。非常に厄介なことに、そのスクリプトはユーザーの目に見える形で悪さをするわけではなく、なるべく気づかれないように情報の搾取や送信などを行うのです。

このように、ユーザーが意図しない動きをPC内で実行されてしまい、様々な情報が盗まれてしまいます。PC内に保存してあるメールや写真、パスワードなどあらゆる情報を勝手に攻撃者に送ってしまうほか、Cookieやウェブブラウザ上のアクセス履歴などを盗まれるということは、攻撃者が自分のふりをして、今まで自分がアクセスしていたウェブサイトへアクセスできてしまうということです。高額で有料のアダルトサイトなどに勝手に登録されて、数か月後に法外な利用料を請求されるなどという可能性もあります。

対策・注意点

信用できないウェブサイトに貼られているリンク先のURLを直接クリックするのは危険です。メールなどに貼られたリンク先をクリックするのではなく、自身でGoogleやYahooなどの検索サイトで、そのサイトが本当に存在するのか、URLは正しいのかを確認してから、サイトにアクセスするようにしてください。

また、中にはURLのリンク表示ではなく、「ここをクリック」

などと表記されたボタン形式になっているケースがあります。この
ボタンは、スクリプトを含んでいる可能性がありますので、ボタン
をクリックすることで、自ら悪意のある攻撃を実行してしまうこと
があります。ボタン表示のケースでも、直接ボタンをクリックする
のではなく、検索サイトで確認してからアクセスするようにしてく
ださい。

まとめ

　クロスサイト・スクリプティング（XSS）は、ウェブサイト
への攻撃の約半数を占めており、最も注意しなければいけない
攻撃です。ウェブサイトを利用する側、そしてウェブサイトの
運営側ともに、対策および注意が必要です。

3 / 03 SQLインジェクション

　ウェブサイトやウェブアプリなどをターゲットとしたサイバー攻撃は近年急激に増えており、その主な理由としては、オンラインショッピングやSNSなどインターネット利用の拡大などが、大きく影響していると考えられます。ここではこうした、ウェブサイトやウェブアプリを提供する側への攻撃として、SQLインジェクションについてみていきます。

SQLインジェクションの概要

　SQLインジェクションとは、ウェブアプリの不備を悪用して、データベースに対して不正なクエリを実行する攻撃手法のことです。古くからある攻撃ですが、現在でもなお多いサイバー攻撃の手法です。

SQLの概要

　SQLとは、データベースを操作する際に使われるプログラミング言語です。そしてクエリとは、情報を取得するためにデータベー

スや検索エンジンに送る要求や質問のことです。つまり、何か特定の情報を得たいときに、それをデータベースや検索エンジンに対して尋ねるための方法です。

例えば、インターネット上で何かを検索する場合、検索エンジンに対してキーワードを入力して検索ボタンをクリックすると、そのキーワードに関連する情報が表示されます。このとき、あなたが入力したキーワードがクエリとなります。キーワードは、あなたが欲しい情報を表す質問や要求として検索エンジンに送られます。

同様に、データベースにアクセスして特定の情報を取得する場合も、クエリを使用します。データベースに対して、どのような情報を取得したいのかを伝えるための質問や要求をクエリとして送ります。データベースはそのクエリに基づいて、該当する情報を検索して返してくれます。

不正なクエリとはデータベースやシステムに対して意図的に問題を引き起こすことを目的とした悪意のある質問や要求のことです。これにより、データベース内の機密情報が漏えいしたり、不正な変更が加えられたりする可能性があります。また、システムに負荷をかけるために意図的に大量のクエリを送信することもあります。これによって、サーバがダウンしたり、システムの応答性が低下したりすることもあります。

SQLインジェクションの特徴

　SQLインジェクションによる攻撃手段は多数あり、目的や状況に応じて使い分け、データの盗み取りなどを行います。主にデータの漏えい、データ改ざん等、様々な影響に繋がる可能性のある攻撃です。

　なお、次に紹介する攻撃例を許可のないウェブアプリに試行すると不正アクセス禁止法に抵触するおそれがあります。犯罪行為となりますのでご注意ください。

SQLインジェクション　認証回避の攻撃例

　データベースに対して検索を行うSQLの命令文に、SELECT文があります。あるウェブサイトのユーザー認証ページにおいて次のようなSQL文を実行し、データベースを検索した結果が空でなければ、ユーザーを認証するという認証処理を仮定します。

```
SELECT * FROM users WHERE username='ユーザ名' AND password='パスワード';
```

　FROMは検索を行う一覧（テーブル）、WHEREは条件のことを意味しています。「users」の中から「ユーザー名」と「パスワード」が一致したら認証するという仕組みです。

　仮にユーザー名として「user A」、パスワードに「pass A」が、指定されている場合、実行されるSQL文は次のようになります。

```
SELECT * FROM users WHERE username='userA' AND password='passA';
```

　もしここで、ユーザー名として「' OR 1＝1 --」が指定された場合、実行されるSQL文は次のようになります。

```
SELECT * FROM users WHERE username='' OR 1=1 --' AND ・・・
```

　まず「username=」の後に、「'（シングルクォート）」が2つ続いています。これは「'（シングルクォート）」2つに囲われた中が空白ですので、ユーザー名に何も入力しなくてもTRUE（真）となります。またOR以降に「1＝1」とありますので、これは何を入力してもTRUE（真）になるという意味になります。つまりユーザー名入力欄に、「何も入力しなくても」、または「めちゃくちゃなユーザー名を入力しても」、ユーザー名が正しいと判断されてしまいます。

　またSQL文において「--（ハイフンを2つ連続)」した場合は、以降の文字列はコメントとして処理されるという規則があるため、以降にあるパスワードの検証が実行されないSQL文が生成されてしまいます。その結果、WHERE句の値は常にTRUE（真）となるため、パスワードとして指定した値に、何を入力するかに関わらず認証に成功してしまいます（このシステムにログインできてしまいます）。

　なぜ、こんなことになってしまうのでしょうか？　これは、特定記号文字の取扱いの不備、すなわちウェブアプリを作成した際のプ

ログラミング上の問題になります。もともとSQL文においては特定
記号文字が、SQL文に使用されるなどの可能性を想定していません
でした。攻撃者がそのことに気づき、SQLインジェクション攻撃が
広まってしまいました。

特定記号文字の例	
「'」	シングルクォート
「"」	ダブルクォート
「;」	セミコロン
「--」	コメント

ユーザー側の対策・注意点

　一般の利用者としては、過去にユーザー登録をしたウェブサイト
がSQLインジェクションの対策をとっていなかった場合、攻撃者
にユーザーIDやパスワードを盗まれてしまう可能性があるため、
覚えているものであれば退会処理を、そして覚えていなければ、過
去に使用したユーザーIDやパスワードは使わないなどの対策が必
要です。

サービス提供側の対策

　自社の提供しているウェブサイトやウェブアプリが古いものであ
る場合、SQLインジェクション対策をとっていない可能性がありま

す。具体的にどのような対策を取ればよいか、以下にみていきます。

　SQL文を使用するウェブアプリでは、例のように入力したデータがSQL文の一部とならないようにする対策が必要です。そのため、ウェブアプリケーションを提供する側としては、次のように①バインド機構を用いて実装する、②SQLに使用する文字列にエスケープ処理を行う（もしくは、その両方）などの対策が必要になります。

①　バインド機構（バインドメカニズム）

　以下のようにIDとパスワードを求める認証画面のように、利用者の入力した情報と一緒にSQL文を実行する場合には、あらかじめSQL文の雛形（プリペアドステートメント）を用意しておきます。そして、SQL文を実行する際に、入力された文字列については、SQL文ではなく、値として処理するようにしておき、あとからSQL文の変更箇所（プレースホルダ）にその値を結合させてSQL文を生成します。つまり、入力部分を空欄の状態で定義したSQL文しか実行できないようにする仕組みです。バインドとは結合を意味するので、バインド機構と呼ばれています。

認証画面

　認証の際に実行されるプログラム内で下記のSQL文を予め組み立てておきます。

SELECT * FROM user WHERE userID = ? AND pass = ? ;

プレースホルダ（変数部分を空欄の状態で定義したSQL文しか実行できないようにする仕組み）の例

SELECT * FROM user WHERE userid =   and pass =   ;

②　エスケープ処理

　エスケープ処理とは、入力された文字列のうち、SQL文に影響を与えるような特別な意味を持つ文字を、普通の文字として解釈されるように変換する処理のことをいいます。

　例えば「'」（シングルクォート）を、「''」（シングルクォート2つ）にしたり、「"」（ダブルクォート）を2つ続けて「""」として、その記号の意味を無効化して実行させずにエラーにするなどが挙げられます。

まとめ

　SQLインジェクションは、重要な情報を管理し格納している
データベースに対して、脆弱性を悪用してデータの取得や改ざ
ん、消去などを行うものです。ひとたび攻撃を受けて情報が漏
えいしてしまうと大変な問題となる可能性もあるため、しっか
りとした対策が必要になります。

　前項のクロスサイト・スクリプティングでは、ユーザーのウェ
ブブラウザ（クライアントPC）側でプログラム（スクリプト）
が実行されますが、SQLインジェクションでは、サーバ側での
対策が必要になります（SQLが働くのはデータベースのため）。
ウェブサイトなどでサーバを運用する側での対策として、バイ
ンド機構とエスケープ処理を行います。

3 / 04 標的型攻撃

　標的型攻撃とは、攻撃者が特定の攻撃対象に標的を絞って、機密情報の搾取などを狙った攻撃手法の1つです。攻撃者が標的企業の組織構成や従業員の下調べをするなど、用意周到な攻撃が行われます。具体的な手口としては、

　①ターゲット企業の社員に取引先や顧客を装い、正規のファイルに見せかけたマルウェアを添付したメールを送信し、そのファイルを開いてマルウェアに感染させます。しかしこの段階では、社員は自分がマルウェアに感染したことに気づかない場合がほとんどです。

　②次に攻撃者は、組織内に侵入するための侵入経路を探します。侵入に成功すると、バックドアと呼ばれる侵入口を作成し（3.6参照）、遠隔操作で組織内のサーバに接続できるようにします。

　③そこから、社員のPCに保存されているファイルや、社員全体の共有フォルダ内部にあるファイルなど、会社の機密情報を盗み出します。たとえそのPCに機密情報がなかったとしても、そのPCを入り口に機密情報を求めて組織内部にまで侵入していきます。

　従来は、マルウェアを一斉に送信するなど無作為に攻撃して、そこで引っかかったターゲットに向けて攻撃することが多かったのですが、近年では「明確な目的を持って特定のターゲット」に仕掛け

る標的型攻撃が中心となっています。

例えば、中途採用の応募メールに添付された履歴書ファイルが実はマルウェアであり、そのファイルを開いたために、PCが感染し、乗っ取られ、遠隔操作されて、情報が盗まれてしまうなどの被害も多く発生しています。

標準型攻撃よりも要注意の高度標的型攻撃

標的型攻撃の中でも、政府機関や社会インフラなど、一般市民の利用の多い組織を狙った、特に巧妙な攻撃のことを「高度標的型攻撃（APT：Advanced Persistent Threat）」と呼びます。この攻撃でも、いきなりマルウェアを送りつけるようなことはせず、攻撃先企業とメールのやり取りをしたり、ソーシャルエンジニアリング（人間の心理的なスキを突いてパスワード等を奪うこと）を行うなど、複数の手法によってスパイ行為や妨害行為を行う攻撃です。

実際のケースでは、2020年に日本の大手企業が、海外に設置していたサーバから日本国内の拠点に侵入され、防衛や電力、鉄道といった重要情報の他、採用応募者の個人情報などが流出したという事件がありました。攻撃者は中間管理職を対象としており、被害確定をわからなくさせるなど高度な技術を用いていました。

また、2022年の参議院選挙時には、ある政党の広報部門や政治家を装ったメールが、その党員に送られました。メールの内容は選

挙に関する依頼であり、添付されたファイルを開くと、その党員の PC にバックドアが設けられ、文書やメール内容が盗まれることができるようになっていたものでした。

対策・注意点

　ここまでみてきたように、標的型攻撃がどのようなものかを知り、疑わしいメールが届いても添付ファイルを開くのはやめ、リンクなどもクリックしないようにして、セキュリティ担当者等に確認することが大切です。さらに、十分な注意を払っても、近年では送信者のメールアドレスを正当であるかのように装って攻撃メールが送られてくることもありますので、メールが正しい送信元から送られてきているかを確認することも必要です。

・これまでとは異なり、デジタル署名（4.8参照）のついていないメールが届いた

・文字化けや日本語の言い回しに違和感を感じる内容のメールが届いた

・差出人名にある人物は実在するが、フリーメールアドレスからメールが送られてきた

といった場合には注意が必要です。

　また、ウイルスに感染する危険性を小さくするために、ウイルス対策ソフトの利用とソフトウェアの更新を欠かさずにしておくことも最低限必要な対策となります。

まとめ

　標的型攻撃は、「あなたをだまそうとして仕掛けてくる攻撃」のため、判別が非常に難しくなります。日頃から注意点を意識して、少しでも異変を感じたら、セキュリティ担当者や専門家に連絡・相談しましょう。

3 / 05 パスワードクラック

　パスワードクラック（password crack）とは、他人のパスワードを不正に解読する攻撃手法です。解読方法には様々な手法がありますが、本書では特に知っておきたい総当たり攻撃と辞書攻撃に絞って解説します。

総当たり攻撃

　総当たり攻撃はブルートフォース攻撃とも呼ばれ、考えられるすべての可能性のあるパスワードの組み合わせを試すことで、正しいパスワードを見つけようとする攻撃方法です。たとえば数字4桁のパスワードであれば、0000から順番に試せば、いつか正しいパスワードがヒットします。

パスワードクラック

http://some.site.com/

GET / HTTP/1.1..Host: some.site.com..

HTTP/1.1 401 Unauthorized..

taroh/0001 GET / HTTP/1.1..Authorization: Basic dGFyb2g6MDAwMQ==..

HTTP/1.1 401 Unauthorized..

tarah/0002
taroh/0003
⋮

taroh/0111 GET / HTTP/1.1..Authorization: Basic dGFyb2g6MDExMQ==..

 当たり！

HTTP/1.1 200 OK..

辞書攻撃

　辞書攻撃とは、利用されやすいパスワードを辞書のようにデータベース化して正しいパスワードを見つけようとする攻撃方法です。

利用されやすいパスワードとしては「123456」「password」「1qaz2wsx（キーボードの並び順)」「sakura」「iloveyou」などがあります。

ユーザー名	パスワード
root	root
admin	124
user	password

　ある特定の人物を対象とする場合、その人物の生年月日やペットの名前などを入手し、このデータベースに登録することで、正しいパスワードに到達する方法です。

対策・注意点

　情報処理推進機構（IPA）が2008年に行った試験によれば、パスワード解析には以下の時間が必要となっています。英字26文字しか使わない4桁パスワードであれば、数秒で解読されてしまいます。コンピュータの性能も飛躍的に向上しているので、表の時間よりかなり短縮されていることが予想されますが、それでも近年、大文字・小文字や記号を混ぜて8桁や10桁以上のパスワードを求める傾向になってきたのは、最大解読時間を見れば、その理由は明確です。

使用できる文字数と入力桁数によるパスワードの最大解読時間（IPA,2008）

使用する文字の種類	使用出来る文字数	最大解読時間			
		入力桁数			
		4桁	6桁	8桁	10桁
英字（大文字、小文字区別無）	26	約3秒	約37秒	約17日	約32年
英字（大文字、小文字区別有）＋数字	62	約2分	約5日	約50年	約20万年
英字（大文字、小文字区別有）＋数字＋記号	93	約9分	約54日	約1千年	約1千万年

　対策としては、この解読時間の表からもわかる通り、①文字列を長くする、②大文字小文字を区別する、③数字や記号を混ぜる、④使い回しでないパスワードを設定する、といった対策が必要です。そのうえで、アカウントロック（パスワードを一定回数間違うとロックアウトする）などを、必要に応じて設定します。さらに、スマートフォンのSMSメッセージでワンタイムパスワードを送信するといった二段階認証を導入することで、さらに安全性が高まります。

> **まとめ**
>
> 　パスワードの管理は面倒ですが、短いパスワードや単純なパスワードはパスワードクラックに対して脆弱なので、強固なパスワードの設定と運用を実践しましょう。

3 / 06 バックドア

　「バックドア（backdoor）」とは、侵入を受けたサーバなどに設けられた、不正侵入を行なうための「裏口」のことです。攻撃者はこのドアによって情報漏えいやシステムおよびウェブサイトの改ざんが容易に行えるようになります。また、バックドアを経由してパソコンを不正に操作されてしまい、サイバー攻撃に利用されることもあり、気づかないうちに、サイバー攻撃の加害者になってしまうケースもあります。

バックドアの概要

　バックドアは、メールなどに添付されたトロイの木馬などのマルウェアによってできてしまうケースと、既存のシステムの脆弱性を突かれて設置されてしまうケース、さらにはソフトウェアやシステムの開発者がテストやトラブルシューティングのために一時的に設けることがあり、それを削除し忘れたまま攻撃者に見つかってしまう、という人的ミスに起因するものもあります。

　バックドアの被害では、キーボードやマウスの操作を記録するキーロガーといわれるツールを、PCに仕込まれることもあります。

キーロガーによって利用者がキーボードに入力した内容が解析されると、IDやパスワードが漏えいする可能性があります。

代表的なバックドアツール「Back Orifice」

　代表的なクラッキングツールの一つにBack Orifice（バックオリフィス）というソフトがあります。これはWindowsのPCを遠隔から操作できるもので、CDC（Cult of the Dead Cow）と称する米国のハッキンググループが開発し、1998年ごろからネット上で公開され、現在でも配布されています。このソフトは、サーバ用とクライアント用の2種類のソフトで構成されており、クライアント用ソフトによって、サーバ用ソフトがインストールされた遠隔地のコンピュータが、PCの乗っ取りを行うものです。なお、バックオリフィスは、電子メールへの添付や、マルウェアに組み込まれて配布されることもあります。

対策・注意点

　バックオリフィスは、多くのウイルス対策ソフトウェアが「トロイの木馬」などとして検出するため、アンチウイルスソフトの導入と最新更新ファイルの適用などが有効です。

まとめ

　知らないうちにバックドアが仕掛けられ、自分のパソコンが乗っ取られてしまっていたという事例が数多くありますので、適切なアンチウイルスソフトの適用と運用を心掛けましょう。

3 / 07 DoS/DDoS攻撃

　DoS（Denial of Service attack）攻撃とは、サービス妨害攻撃とも呼ばれ、ウェブサイトに対して大量のデータを送りつけたり、細工したデータ（パケット）を送付するなどの手法で、ウェブサイト側のサービスの提供を不能にする攻撃です。実行が容易であるため、全世界を対象にした調査によれば2022年上半期だけで602万件と頻発しています。

DoS攻撃の概要

　DoS攻撃は、大量のパケットを複数のコンピュータから送り付ける攻撃方法もあります。それが複数のコンピュータからDoS攻撃を行うDDoS（Distributed Denial of Service attack）攻撃、または分散型サービス妨害と呼ばれる攻撃です。

　この攻撃は近年、ボットと呼ばれるウイルスに感染したPC群（ボットネット）を利用して、多数のPCからDDoS攻撃を行うことが中心となっています。

　ボットネットは、攻撃者の制御下にある、マルウェアに感染した複数のコンピュータやデバイス（機器）のネットワークのことで

す。個々のコンピュータやデバイスは、攻撃者によって遠隔操作され、指示に従って悪意のある活動を行います。ボットネットの制御下にあるデバイスは、DDoS攻撃の他にも、スパムメールの発信やアカウントの乗っ取りなどにも利用されています。

DDoS攻撃の例

　具体的なDDoS攻撃の事例を見てみましょう。2016年のリオオリンピックの際には、攻撃者が「オリンピック攻撃用DDoSツール」というものを公開していました。そのツール配布キャンペーンの成果かわかりませんが、2016年のリオオリンピックでは、大会期間中4千万回の攻撃（大半がDoS／DDoS攻撃）が観測されています。

ダウンロードしてみんなで攻撃しよう!?　キャンペーン

対策・注意点

　個人でできるDoS、DDoS対策は、攻撃者に自分のパソコンを乗っ取られないように注意することです。DDoS攻撃の多くは、一般のユーザーが使用しているパソコンやスマートフォンなどが知らない間に利用されているためです。適切なアンチウイルスソフトの使用などで対策を行いましょう。

　自分のPCが乗っ取られていないか簡単なセルフチェック方法としては、Windowsに搭載されているコマンドプロンプトのアプリを使用する方法です。Windowsでコマンドプロンプトを起動し、「netstat」と入力します。これはネットワークの接続状態を確認するためのコマンドで、注意するのは右端の「状態」の部分です。通常はESTABLISHEDと表示され、通信が成立していますが、「SYN_SENT」の場合は通信開始を要求したが応答がないという状況で、自分のPCが攻撃を行っていた場合は、ここに大量の「SYN_SENT」が表示されることになります。コマンドプロンプトは通常使うことの少ない機能ですが、試してみる価値はあります。

```
コマンド プロンプト - netstat       ×   +  ∨

Microsoft Windows [Version 10.0.22631.2715]
(c) Microsoft Corporation. All rights reserved.

C:\Users\yshim>netstat

アクティブな接続

  プロトコル  ローカル アドレス        外部アドレス           状態
  TCP                                                        ESTABLISHED
  TCP                                                        ESTABLISHED
  TCP                                                        ESTABLISHED
  TCP                                                        ESTABLISHED
  TCP                                                        ESTABLISHED
  TCP                                                        ESTABLISHED
  TCP                                                        ESTABLISHED
  TCP                                                        ESTABLISHED
  TCP                                                        ESTABLISHED
  TCP                                                        ESTABLISHED
  TCP                                                        ESTABLISHED
  TCP                                                        ESTABLISHED
```

　なお、近年ではスマートフォンやIoTデバイスなど、パソコン以外の端末が攻撃に加担させられる例があるため、インターネットに接続されている端末であれば何でも利用されてしまう可能性があることを覚えておきましょう。

まとめ

　DoS攻撃ではウェブサイト側のサービスの提供が不能になるといった被害があります。個人としては知らぬ間にパソコンが乗っ取られてDDoS攻撃の加害者になる可能性があることの意識が必要です。

3 / 08 対策が間に合わない ゼロデイ攻撃

　ゼロデイ攻撃とは、ソフトウェアなどの欠点や弱点（セキュリティホール）が発見されてから、ソフトウェアの開発会社などによる対策が講じられる前に、攻撃者がそのセキュリティホールを狙って行う攻撃のことです。

ゼロデイ攻撃の概要

　脆弱性が発見された場合、そのソフトウェアを開発した会社がパッチと呼ばれる修正プログラムを公開したり、配布したりすることができればよいですが、その公開前に攻撃者が脆弱性を発見した場合には、その脆弱性をついた攻撃が行う可能性があります。このため、開発会社では脆弱性が発見されたことをあえて公表しないという場合もあります。

　ゼロデイという名称は、対策が提供される日のことを1日目と数え、その前の「0（ゼロ）日（デイ）」となることに由来します。ゼロデイ攻撃の被害としては、情報漏えいやウェブサイト等の改ざん、マルウェア感染等があります。利用者側が被害に気付いても、ソフトウェアの開発側がパッチ等の提供を行っていない場合には、

何が原因で、どういった対策を取ればよいのかが難しく、利用者側は対応に悩まされます。広く利用されているソフトウェアがゼロデイ攻撃の対象となると、多くの影響が見込まれます。

テレワーク等、VPN利用における被害の例

新型コロナウイルス感染症の拡大で、我が国ではテレワークの利用が広がりました。在宅勤務で使用している家庭内ネットワークから社内ネットワークに接続する際に、VPNという技術が使われるのですが、2020年以降はそのVPNの脆弱性を突いたゼロデイ攻撃が確認されました。

VPNの特徴

VPN（Virtual Private Network）とは、本社と支社、そして社内ネットワークと社外のPCなどとの間に閉域網と呼ばれる通信チャネルを作るサービスです。例えば、本社と支社で誰にも干渉されない専用の回線を通したいと思った時、VPNを使うことで物理的に回線を作らずにネットワークを構築することができます。個人でもYahooやGoogleなどのサーチエンジンに自身がどのようなキーワードを打ち込んだのかを誰にも知られたくないなどの理由で、VPNサービスを利用する人がいます。

　こうしたVPN製品に脆弱性があったことで、そこを突いた攻撃が行われていました。2021年10月には、病院で使われるシステムのメンテナンスに使用されるVPN機器の脆弱性から病院が攻撃され、診療業務が止まるなどの大きな被害を受けたケースがあります。また、2022年には大手自動車会社の主要な部品メーカーで、外部企業との専用通信に使っていたVPN機器の脆弱性からマルウェアに感染し、自動車生産を見合わせた事件も起こりました。

　この自動車部品メーカーでは即座にネットワークを遮断したため、社内にウイルスが広がることはありませんでしたが、やり取りが電話やFAXに限られ、部品の納入についてはシステムに代わって手作業で行うといった事態になりました。

対策・注意点

　VPN装置の脆弱性を悪用するサイバー攻撃は以前からありましたが、新型コロナウイルス禍でテレワークが増え、VPNの利用が高まりました。しかし、VPNネットワークは、「閉域網だから安全」という誤解のもと、保守運用の煩雑さから、修正プログラム適用やバージョンアップの未実施など、リスクの高い環境で運用しているケースも多く見られます。製品のバージョンアップには、その更新内容にセキュリティ対策に有効な内容が含まれることが多くあります。そのため、システムを常に最新バージョンに保つ、というのは非常に重要な意味を持ちます。

サンドボックス

ゼロデイ攻撃は基本的に防ぐことができないため、その対策は防ぐことよりも、被害を抑えることや、攻撃を受けた際にいち早く気付き対応できるようにすることが求められます。そこで利用されるのがサンドボックス製品です。サンドボックスとは砂場という意味ですが、情報セキュリティにおいては、普段使われている環境から隔離された環境でマルウェアなどの分析を行うセキュリティシステムのことをいいます。

利用者が悪意のあるファイルやプログラムを気づかずに実行した際、通常はネットワークを介してPCやネットワーク全体に広がるおそれがありますが、サンドボックスを導入すると、たとえば利用者が受け取ったメールの添付ファイルを、いったん隔離環境下で検証し、そのファイルがマルウェアに感染していないかを分析します。検証の結果安全だとわかれば、利用者のPCにメールを送るというものです。もしマルウェアの入ったファイルだとしても、隔離環境下で開けば感染はその中でしかおきません。

近年では、クラウド型で、1アカウント月数百円といったサンドボックスサービスも出てきているので、自社で製品を購入しなくても、サイバー攻撃のリスクをぐっと軽減できるでしょう。

EDR製品の導入

　EDRとはEndpoint Detection and Responseの略で、PCやサーバなど、ネットワークの端末（エンドポイント）にある機器を監視し、マルウェア等に感染した際の不審な動きを検知する製品です。つまり、攻撃を受けたことをいち早く感知することを目的としています。

　EDR製品の代表的な機能としては、①端末の監視、②監視している端末の記録（ログ）を残す、③端末から収集した情報を解析・分析し、マルウェア感染や侵入を検知する、④ネットワークから遮断するなどして端末を隔離したり、システム停止を行ったりすることで社内システムへの影響を防ぎます。

　つまり、EDRは、マルウェア感染を前提とし、被害を最小限にとどめるための「事後的対策」と言えます。セキュリティ対策とは、マルウェア感染を防ぐためのものと考えがちですが、万一感染した時の被害を最小限にとどめる、というのもセキュリティ対策の重要な考え方なのです。

まとめ

　2022年上半期における日本国内のランサムウェアの感染経路は、その7割がVPN機器からの侵入でした。標的型攻撃のターゲットになる企業や、VPN接続など外部との接続が多い企業などは、特にゼロデイ攻撃への注意が必要です。個人でゼロデイ攻撃を防ぐことは難しいですが、サンドボックス製品やEDR製品を使うことで、被害を最低限に抑えることができます。

3/09 Cookie悪用による「セッションの乗っ取り」

　Cookieとは、サイトの閲覧やSNSの利用時など、毎回ユーザーIDやパスワードといった情報を入力なしでログインできるように、ウェブサイトに保存する機能ですが、これが悪用されてしまうと、セッション乗っ取り（セッションハイジャック）という被害にあってしまいます。

セッションとは

　セッションとは、簡潔に言うと、「ある利用者がそのサイトの中でどういう動きをしたか」ということになります。例えば、Amazonなどの通販サイトで買物をするときの行動を思い出してみましょう。

① 通販サイトに行き、ログインする

② 商品を検索する

③ 買い物かごに入れる

④ 支払い方法を選ぶ

⑤ 注文を確定する

⑥ ログアウトして終了

　この①〜⑥の一連の流れを1セッションとカウントし、サイト側

では、ユーザーを識別するためのID「セッションID」というもの
を発行します。通常はこの情報を保存しておくことはできないた
め、本来は次の処理に進む際には毎回ログインし直す必要があり
ますが、Cookieという技術を使えば、セッションを保存しておくこ
とができます。このため、通販サイトでかごに商品を入れたまま
しばらく忘れていたという場合でも、改めてサイトを開いたときでも
再度ログインをする必要なしに、かごに入れた商品もそのままで買
い物を再開することができるのです。

クッキーの特徴

　先ほどの通販サイトでの動きを改めて確認します。利用者がPC
等の端末からウェブアプリに接続の要求を出すと、リクエストを受
けたウェブサーバ側では、セッションIDを発行すると同時に
Cookieを作成して利用者に送ります。このときCookieとセッショ
ンIDとの紐づけも行います。

　利用者が買い物かごに商品を入れたままログアウトしたとして
も、もう一度ログインしてきた場合には、利用者のブラウザに保存
されたCookieがウェブサーバに送られて、ウェブサーバは同じ人
物ということがわかるという仕組みになっています。

セッション乗っ取りの例

このような便利なCookieですが、何らかの手法でクッキーを盗まれると、攻撃者にあなたのセッションが乗っ取られてしまいます。そうすると実際には攻撃者からのリクエストなのに、ウェブサーバ側は「これはあなたからのセッションだな」と判断してしまい、あなたに成り代わって、様々な処理を実行したり、情報を搾取したりすることになるのです。

対策・注意点

ウェブブラウザは、Cookie以外にも様々な情報を知らないうちに記録しています。Cookie・閲覧履歴・キャッシュなどは、ブラウザの設定から自身で削除できるので、定期的に消すことなどを心掛けることも重要です。

まとめ

Cookieとは、サイトの閲覧やSNSの利用時など、毎回ユーザーIDやパスワードといった情報を入力なしでログインできるように、ウェブサイトに保存する機能です。何らかの手法でクッキーを盗まれると、攻撃者にあなたのセッションが乗っ取られてしまい、勝手な操作をされてしまうため、Cookieの定期的な削除などが求められます。

3 / 10 バッファオーバーフロー

　ソフトウェアの脆弱性をついた攻撃には複数ありますが、バッファオーバーフローは、その中でも代表的な攻撃です。

特徴

　「バッファオーバーフロー」は、攻撃者が攻撃対象のサーバやPC端末のメモリ領域内にあるバッファ（データを一時的に保存しておくための記憶領域）に、処理能力を超える大容量のデータや悪意のあるコードを送り、バッファの許容量を超えて記憶させることで不具合を発生させる攻撃のことをいいます。

　バッファオーバーフロー攻撃を受けると、実行中のプログラムが強制停止したり、誤作動を起こすなど、サーバや端末が制御できなくなる可能性があります。ソフトウェアの開発者側が想定していなかった部分での攻撃のため、ウイルスソフトなどで防ぐことが難しくなります。

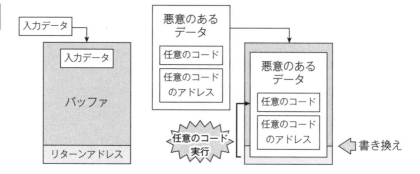

バッファオーバーフロー攻撃は、バッファのあふれさせた部分に不正なプログラムを仕込むことで被害を与えます。バッファのうちどこを標的にするかにより「スタック攻撃」、「ヒープ攻撃」、「静的領域攻撃」の３つに分類されます。

対策・注意点

バッファオーバーフロー攻撃に対する利用者側の対策としては、

① ソフトウェア等の最新情報をチェックすること

② OSやアプリケーションは常にアップデートして最新の状態に保つこと

③ 修正パッチなどは速やかに適用すること

が挙げられます。なお、OSやアプリケーションのアップデートの際には、他のアプリに影響を及ぼしたり、うまく動作しなくて端末が使用不能になることもありますので、所属先企業のIT関連の担当者等とアップデートの可否について確認しておくとよいでしょう。

まとめ

　バッファオーバーフロー攻撃に対して、利用者ができる対策は少ないですが、OSやアプリケーションの仕組みの概要を知り、このような攻撃があることを理解しておくことは重要ですし、その被害にあう可能性を低くするためには、利用者側でできる対策を実行しておくようにしましょう。

3
11 OSコマンド・インジェクション

オペレーティングシステム（OS：Operating System）とは、ディスプレイやPC内部の部品に代表されるハードウェアと、表計算ソフトや文書作成ソフトなどのアプリケーションとの仲立ちをしてくれるソフトのことをいいます。言い換えれば、人間がPCの操作やアプリを使うときに必要なソフトということになります。代表的なOSとしては、みなさんも使用されている、WindowsやmacOS、iOS、Androidなどがあります。このOSへのコマンド（命令文）の不正な使われ方による攻撃のことを、OSコマンド・インジェクションとよびます。

特徴

入力画面があるウェブサイトなどが主なターゲットです。攻撃者は一般的なユーザーからの入力と思わせておいて、入力した文章にOSへの攻撃内容を含んだ命令文を仕込みます。これを受け取ったウェブサーバ側では、自らのOSへの命令と解釈して実行してしまうのです。

OS コマンド・インジェクション

OSコマンド・インジェクションの脆弱性がある場合、悪意あるリクエストにより、ウェブサーバ側で意図しないOSコマンドを実行させられ、重要情報が盗まれたり、攻撃の踏み台に悪用される可能性があります。

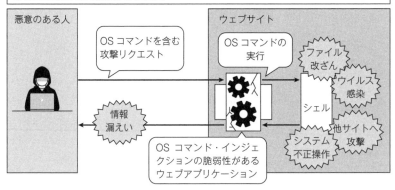

出典：IPA
https://www.ipa.go.jp/security/vuln/websecurity/os-command.html

被害の例

OSコマンド・インジェクション攻撃においては、次のような被害が発生する可能性があります。

内容	具体的影響
ファイルの閲覧・改ざん	情報漏えい、改ざん
不正なシステム操作	端末のシャットダウン、ユーザーアカウントが追加される
不正なダウンロード等	マルウェア感染。バックドア設置
踏み台	DDoS攻撃等の踏み台にされる

対策・注意点

　OSコマンド・インジェクション攻撃は、OSの「シェル」と呼ばれる、利用者とOSの橋渡しをする部分が干渉を受けます。このため、開発者側で開発時に使用するプログラミング言語の選定などの対応が中心となり、利用者側では前項で確認したように

① 　ソフトウェア等の最新情報をチェックすること

② 　OSやアプリケーションは常にアップデートして最新の状態に保つこと

③ 　修正パッチなどは速やかに適用すること

が挙げられます。

> ### まとめ
>
> 　OSコマンド・インジェクション攻撃は、利用者側では防ぐことが困難ですが、プログラムの作成をする人や、サーバの運用をされる人にとっては対策を取ることが大変重要になります。

3/12 ビジネスメール詐欺（BEC）

みなさんのところには、ビジネス上の取引を装った詐欺メールが来たことはないでしょうか。「自分は騙されないぞ」と思っていても多くの人が騙されてしまうのが、ビジネスメール詐欺（BEC：Business Email Compromise）です。

ビジネスメール詐欺の特徴

ビジネスメール詐欺は、偽のメールを企業や組織に送り付け、金銭被害をもたらすものです。2023年にアメリカ連邦捜査局（FBI）が公開した資料によると、2022年のビジネスメール詐欺の被害額は27億4200万ドルとなっており、年々増加していることがわかります。日本でも情報処理推進機構（IPA）の調査によれば、2015年から2022年にかけて292件の情報提供があり、うち27件で実際に金銭被害が発生したことが報告されています。具体的には、2022年にコンサルティング会社のグループ企業が、偽の送金指示にだまされて数百万円の被害を受けており、ビジネスメール詐欺が、日本国内の企業・組織に対する脅威であることがうかがえます。

取引先と請求書の偽造

　ビジネスメール詐欺にはいくつかのタイプがありますが、大きく「取引先との請求書の偽造」と、「経営者へのなりすまし」に分類されます。

　「取引先との請求書の偽造」のケースの場合は、事前に何らかの方法で攻撃者が企業間のメールのやり取りを盗み見て、取引の情報や、関係者のアドレスや氏名を把握します。そして支払い側に対して、攻撃者の口座に支払いを行うようにさせるものです。このパターンは海外との取引が多い企業によく見られます。

　具体的な事例では、日本国内のA社（請求側）と海外のB社（支払側）との取引に際し、A社のメールが乗っ取られていたという事例があります。このときA社の担当者になりすました攻撃者から、B社担当者へ「今度、これまでの口座が使えなくなるから、振り込みを停止してほしい」というメールが送られました。B社担当者は、新しい振込先口座の連絡がないことなどから不審に思い関係者に確認したことで、ビジネスメール詐欺ということがわかったというものです。

経営者へのなりすまし

　「経営者へのなりすまし」の場合には、攻撃者はまず経営者の氏名やメールアドレスを把握します。そして、社内の財務会計部門に

対し「秘密の案件があるので対応してもらえないか」などと装って攻撃者の口座へ振り込むように指示するものです。

　具体的な事例では、攻撃者が自社のCEOと偽の弁護士を騙って当該企業の財務担当者に「機密扱いでお願いしたい」「詳細は○○弁護士から」という内容のメールを送ったものがあります。担当者が返信したところ、CEOを騙る攻撃者から「国際送金による支払いの必要がある」などとのメッセージがあり、不審に思ったことからビジネスメール詐欺が発覚したものです。

日本語によるビジネスメール詐欺

　これらの攻撃は従来、英語によるビジネスメール詐欺によるものでしたが、近年では日本語の文面によるビジネスメール詐欺が増加しています。ほぼ一定の内容で、使用しているメールサービスから同一犯（グループ）によるものとみられてはいますが、今後は海外との取引がない企業でも、または英語でメールをやりとりすることのない国内の一般企業などでも被害に遭う可能性があります。

　これらの攻撃では、企業などで使われているメールアドレスを装うこともあります。具体的には、○○○○@security.jpというアドレスが使われていた場合に、securityのつづりをsekyurityにしたり、secrityのように一文字を削除したり、@security、@freemailのように、フリーメールのアドレスを使うなどしています。さらには、差出人の名前とアドレスは（情報太郎〈jyoho.taro@security.com〉）

で正しいですが、それは表示名をそのように加工しているためで、実際に送っているアドレスは攻撃者のもの、ということもあります。

ビジネスメール詐欺事例

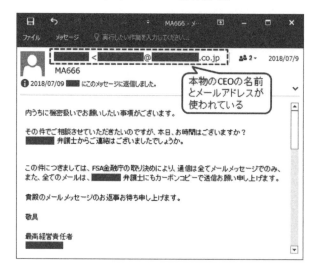

出典：IPA「ビジネスメール詐欺「BEC」に関する事例と注意喚起」
https://www.ipa.go.jp/archive/files/000068781.pdf

　ビジネスメール詐欺は、攻撃方法が巧妙で、金銭被害も高額であるため、特に企業の財務会計部門等において、ビジネスメール詐欺の手法を共有し、イレギュラーな対応が求められた場合の送金時のチェック体制の整備を行うことが重要です。

対策・注意点

　ビジネスメール詐欺は、攻撃者がなりすましを行うことで攻撃対象を騙す手口です。このため、システムやセキュリティソフトによる機械的な防御や、送信されてくるメールの排除が難しいという特徴があります。このため、対策としては次の２つが挙げられます。つまり①ビジネスメール詐欺の手口を共有すること、②送金時のチェック体制の整備を行うこと、となります。

　①ビジネスメール詐欺の手口を共有することでは、社員への情報共有とあわせて「普段と異なるメール」に注意を促し「不審なメールが届いたら社内で相談・連絡」することを心掛けるようにします。

　また、②送金時のチェック体制としては、従来とは異なる別の口座への振り込み指示があった場合や支払い手段の変更があった場合、役員から急な依頼があった場合など、通常と異なる場合にメール以外で確認する手順を固めておくことが必要です。

まとめ

　自分は騙されないぞと思っていても騙されてしまうのが、ビジネスメール詐欺です。システム的な対策が難しいため、各自のセキュリティスキルの向上と社内体制の強化を行うことが重要です。

Chapter.

4

セキュリティ対策基礎技術

この章では、セキュリティ対策に使用されている
技術について説明しています。

4 / 01 OSセキュリティ対策（セキュリティ更新プログラムの適用）

アップデートはなぜ重要か

　ここまでの章で、サイバー攻撃による不正アクセスやマルウェアの被害は、システムの脆弱性が影響していることに触れてきました。具体的には、システムの脆弱性による不正アクセスや、マルウェアによって攻撃者の侵入を許した場合、機密情報やID・パスワードが盗まれ、自分のPCを乗っ取られたり、別の攻撃の踏み台になったりするといった危険性のことです。そして、こうした被害を避けるためには、OSやアプリケーションを常にアップデートして最新の状態に保つこと、そして修正パッチなどは速やかに適用することが重要です。

アップデートの確認

　OSにアップデートがあるかは、次の操作で確認することができます。ここではOSがWindowsの場合でWindows Updateの手順を見ていきます。

① 　お使いのPCのウィンドウズのアイコンをクリック

② 設定ボタン（歯車のマーク）を選択

③ 時計回りと反時計回りの2つの矢印の描かれたWindows Updateをクリック

④ 「更新プログラムのチェック」をクリック

アップデートがある場合、自動的にダウンロードとインストールが実行されます。アップデートの内容によっては再起動が必要となる場合がありますので、ご自身のお仕事の邪魔にならないタイミングでアップデートを行うことを検討してください。

また、MacOSの場合も同様に、画面左上のアップルのマークから「システム設定」に行き、OSのアップデートを行うことができます。

自動更新の利用

脆弱性を修正するためのパッチが自動的にアップデートされる設定にしておくことも有効な対策です。普段使用することの多いWindowsや、Adobe Readerなどは、特別な理由がない限り有効の設定にしておくと手間がかかりません。

Windows Update のイメージ

アップデートの際の注意点

　OSやアプリケーションのアップデートの際には、他のアプリに影響を及ぼしたり、うまく動作しなくて端末が使用不能になることもありますので、所属先企業のIT関連の担当者等とアップデートの可否について確認しておくとよいでしょう。

　とりわけ、万一のデータの消失などの可能性も考慮して、重要なファイルを保存しているPCのアップデートの場合には、データのバックアップをとっておくことをおすすめします。

まとめ

　セキュリティ対策の基本といえるのが、OSやアプリケーションを常にアップデートして最新の状態に保つことです。自分でできる重要なセキュリティ対策となりますので、業務上の都合で自動的にアップデートできないときは、最新のパッチがないかなど、適宜チェックしておくようにしましょう。

識別・認証・アクセス制御

　私たちがウェブサイトにログインする際には、多くのケースでユーザーIDとパスワードを入力して利用します。ここで重要になってくるのが、誰（何）が、何に対して、何ができるのかのコントロールで、それぞれシステムの「識別（Identification）」、「認証（Authentication）」、「アクセス制御（Authorization）」と呼びます。

識別・認証・アクセス制御の概要

　あなたがX会社の営業部に属する「○○太郎さん」だとして、会社の敷地内に入ることを想像してください。○○太郎さんは、正門で守衛さんに社員証を見せることで、会社の敷地内に入ることができます。自分のオフィスのある事務棟へは、1階入り口のカードリーダーに社員証を通すことでゲートが開き、建物内に入ることができます。しかし、同じ敷地内にある研究棟へは、入ることができないようになっています。

この例を先ほどのシステムの識別・認証・アクセス制御に置き換えてみると、社員証を持っている人が誰なのかを判断するのが「識別」、会社敷地内に入ることができるかどうかを判断するのが「認証」、事務棟には入れるが、研究棟には入れないと判断するのが「アクセス制御」になります。

識別（Identification）

システムに誰がアクセスしてきたのかの判断をします。よく利用されるのが、みなさんもよくご存じのユーザーIDです。そのユーザーIDが登録済みのものであるかどうかを、データベースに保管したユーザー情報リストなどと照合します。

認証（Authentication）

　ユーザーIDが正しかった場合には、本当にそのユーザーIDをもつ本人がアクセスしてきたかを判断します。ここで使われるものの代表例がパスワードです。通常パスワードは本人しか知り得ない情報なので、パスワードによって本人かどうかを判断します。

アクセス制御（Authorization）

　ユーザーIDとパスワードによって確かに本人であると判断されたら、次に何ができるのかの制御（または認可）をします。何ができるのかを管理しているアクセス制御リストとユーザーIDを照らし合わせて、アクセスできる権限を判断します。

　アクセス権限を設定することで、例えば会社で使用している共有フォルダがあったとして、人事部は人事評定を、営業部は得意先一覧を、総務部は電子掲示板に掲示するファイルを持っています。このときに、人事評定のファイルは人事部だけしか見れないように設定したり、得意先一覧は営業部と総務部の社員が見ることができるけれど、住所の更新などは営業部だけしかできなかったり、電子掲示板はすべての社員が閲覧できるけれど、そこに掲載できるファイルは総務部しか扱えない、といったような制限をかけることができます。

識別 Identification	認証 Authentication	アクセス制御 （認可） Authorization
誰がアクセス？	**本当にAさん本人？**	**Aさんは何ができるの？**
・システムで区別できる「誰か」を確認する ・アクセス者の識別子（ユーザ ID）と、システムで管理している名簿（ユーザー情報リスト）と照らし合わせる	・識別したアクセス者が「正規の利用者」であることを確認する ・識別したユーザIDと、正規の利用者だけが知りえる情報をもとに本人性の確認を行う	・ユーザ／グループごとにコンピュータ資源へのアクセス権限の付与を行う ・認証によって確認されたユーザIDと、システムで管理している名簿（アクセス制御リスト）とを紐づけて行う

防止する攻撃例

　こうした識別・認証・アクセス制御が実装されているPCなどの情報機器やウェブサービスは、不正アクセス禁止法の保護対象となっており、攻撃者が正規の人物のIDやパスワードを盗んでなりすましをした場合や、情報機器やサービスの脆弱性を突くなどして不正にアクセスした場合には処罰の対象となります。メールアドレスだけを利用してログインできるようなサービスだと、インターネット上にメールアドレスが流出してしまうと簡単にそのサービスにログインできたり、なりすますことができてしまいます。識別・認証・アクセス制御は、他人へのなりすましを防止したり、不正な侵入やアクセスを防ぐために、必須な機能となるのです。

まとめ

なりすまし防止	✓正規のユーザ本人が操作／実行していることを確認 ※脅迫されているかどうかは不明
不正侵入 不正アクセス防止	✓ユーザが許可された操作／実行をしていることが確認できる ※アクセス制御情報が適切に設定されていることが前提

　識別ではユーザーIDなどでシステムに誰がアクセスしてきたのかの判断をし、認証ではパスワードなどで本当にそのユーザーIDをもつ本人がアクセスしてきたかを判断します。そして、アクセス制御においてアクセスできる権限を判断します。

　多くの方が、いろいろなサイトにアクセスするために会員となり、会員番号やユーザーIDを持っていると思いますが、その裏のシステムでは、このような、識別・認証・アクセス制御が行われ、安全にシステムを利用できるように守られています。

4
03 認証の3要素

　前項で、ユーザーIDが正しかった場合に、本当にそのユーザーIDをもつ本人がアクセスしてきたかを判断することを「認証」といい、使われるものの代表例がパスワードであることを紹介しました。ここでは、パスワード以外の認証方法についてみていきます。

認証方式の概要

まず、みなさんは、どのくらいパスワードを持っているでしょうか？

　少ない方でも、数個は持っているでしょうし、多い方は数十個持っている方もいるのではないでしょうか。そんなパスワードですが、最初に設定する際に、管理者や運営者から次のようなことを言われた経験はないでしょうか。

・複雑なパスワードを使ってください

・パスワードは、使いまわさないでください

・定期的に変更してください

・誰にも知らせず、秘密に保管してください

　このように、本人しか知らない知識でパスワードを設定することを知識認証と言います。しかし、自分では万全に管理していたとしても、危険性が全くなくなるわけではありません。そこで近年では、パスワード以外に「所持物」「身体的特徴」という方法も出てきており、「知識」と合わせて「認証の3要素」と呼ばれています。

認証の3要素

① 知識「Something you know.」

・本人しか知りえない情報による認証（知識認証）

・パスワード、暗証番号、その他の個人的情報などが該当します。

② 所持物「Something you have.」

・本人のみが所有している物による認証（所有物認証）

・ICカード、トークン（4.5参照）などが該当します。

・ICカード認証では、ICカードの金属部分（ICチップ）に情報を登録しておき、

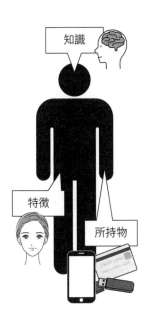

それを読み取ります。

・トークンとは認証に必要な情報を生成するもの全般のことで、主にワンタイムパスワードを発行するもののことをいいます。このためソフトウェアで提供される場合もありますが、ハードウェアトークンの場合、USBなどの形で認証を行います。

③　身体的特徴「Something you are.」

・本人の身体的な特徴や特質による認証（生体認証、4.6参照）

・指紋、音声（声紋）、虹彩、静脈、筆圧を含めた署名などが該当します。

認証技術例	認証の3要素の分類			主な仕組み
	知識	所持物	身体的特徴	
パスワード	●			本人だけが知っているパスワードで認証
ICカード		●		ICカードの金属部分（ICチップ）に情報を登録
ワンタイムパスワード	●	●		一回だけ使用できるパスワードがソフトウェアやハードウェアの形態のトークンから発行される
生体認証			●	本人の身体的な特徴や特質を事前に登録しておき、それを照合する

２要素認証

　２要素認証とは、これら認証の３要素の中から、異なる２つの要素を組み合わせて認証を行うことで、例えばパスワード（知識）で認証した後に本人の社員カード（所持物）で認証するといった認証の仕組みで、4.4および4.5項で学ぶ２段階認証とは区別して使われています。

まとめ

　本人しか知りえない情報による認証のことを知識認証、本人のみが所有している物による認証を所持物認証、本人の身体的な特徴や特質による認証のことを生体認証といい、これら３つを「認証の３要素」と呼びます。「知識」に基づくパスワードだけでは安全性に懸念があります。

04 多要素認証①知識

各認証要素の概要

　認証の3要素から複数の認証方式を採用して、よりセキュリティを強固にすることを「多要素認証」といいます。つまり、認証の3要素である知識（本人しか知りえない情報）、所持物（本人のみが所有している物）、身体的特徴（本人の身体的な特徴や特質）の2つ以上を要求する認証手法のことです。基本的には、パスワードと所持物／身体的特徴を組み合わせる形が一般的です。多要素認証と2要素認証の違いは、組み合わせる認証要素の数が「2つ」なのか「2つ以上」なのかという点になります。よって2要素認証は、多要素認証の中の1つといえます。

　具体的な例としては次のケースがあります。
・銀行のキャッシュカード
キャッシュカードでお金をおろす際には暗証番号（知識）とカード（所持物）が使われています。
・スマートフォンの解除
スマートフォン本体（所持物）に認証コード（知識）を打ち込んだ

り、顔（身体的特徴）をカメラで読み込むことなどで認証します。

知識認証の特徴

　知識認証では一般的にパスワードが採用されています。パスワードが広く使われるのは、次のようなメリットがあるためです。

・アプリケーションに組み込むことが簡単

・認証するための特別な機器が不要

・広く普及しているので、抵抗感が少ない

　例えば、手のひら静脈認証では、認証用の機器が1台当たり30万～50万円かかるのに対し、パスワードの場合はアプリケーションのプログラムに組み込むだけです。インターネットの普及やITの活用の拡大とともに、パスワードによる認証は多くのシステムや端末で利用されてきました。しかし、パスワード認証技術ができた当初は、盗聴や攻撃されるという概念がなかったため、近年では従来の脆弱性をカバーする方式として次のようなものがあります。

① チャレンジレスポンス認証

　サーバがクライアントにランダムな問い（チャレンジ）を送り、クライアントがそれをもとにハッシュ値という疑似乱数を作り出し、レスポンスとしてサーバに返します。このときサーバでも同様の計算を行って、それが一緒だったら認証するという方式です。チャレンジコードは1回使い捨てなので、盗聴に強いという特徴があります。

② リスクベース認証

リスクに重点を置く認証方式のことで、例えば利用者の端末をシステム上に登録しておき、普段とは違う端末からシステムへのログインがあった場合などに、改めて追加認証を依頼するという方式があります。

安全なパスワードのために

パスワードが第三者に知られた場合に、一般的にはなりすましの危険性があります。安全なパスワード管理のためには下記の対応や仕組みがあります。

① パスワード・ルールの厳格化

パスワードは英字（大文字/小文字）、数字、記号を組み合わせて作ることがほとんどですが、短い文字数だとほんの数秒で解析されてしまいます。もっとも解読されにくいのはランダムな文字列で少しでも長いものを生成することです。ただし、パスワード管理上は忘れてしまうことも考えられますので、一例としては次のようなパターンを紹介します。

Ⅰ 自分の好きなものをアルファベットにし、それを日本語のローマ字にしたり、感想を入れます。

「cat」+「neko」+「kawaii」

Ⅱ それぞれの冒頭を大文字にします

CatNekoKawaii

Ⅲ　oやiなどは数字にします

CatNek0Kawa11

　このほか、次のような基本的ルールがあります。

・他のウェブサイトなどでパスワードを使いまわさない

・定期的に変更する

・個人情報（自分の名前や誕生日）を含めない

②　パスワード管理ツール

　パスワードを管理するとき、本人が設定したパスワードを忘れる可能性があります。特に高齢者は金融関係のパスワードの管理において、紙にメモするケースが多く、その紙を紛失することでパスワードがわからなくなるという場合があります。

　近年ではブラウザがウェブサイトごとにパスワードを保存したり、安全なパスワードを生成したり、スマートフォンでパスワードを記憶してくれる機能、これらをパスワード管理ツールと呼び、利用される機会が増えています。

③　パスワードリマインダ

　パスワードを忘れた場合に「秘密の質問」などで元に戻すための仕組みのことをいいます。秘密の質問を入力したら、自分のメールアドレスあてにパスワード再発行用のURLを送ってもらいます。

④　アカウントのロックアウト

　総当たり攻撃などを防ぐための対処方法のひとつで、攻撃者が何回かパスワードを入力してきても、○回目でエラーになったらアカウントを停止するという方法です。ただし、本人が忘れてエラーになる可能性もあるので、一定時間で回復するといった仕組みも必要です。

> ### まとめ
>
> 　認証の3要素から複数の認証方式を採用して、よりセキュリティを強固にすることを「多要素認証」といいます。多要素認証のうちの一つである知識認証では広くパスワードが採用されていますが、なりすましの防止のためにパスワード・ルールの厳格化などの対策が重要になります。また、パスワードを忘れた場合の仕組みづくりも必要となってきます。

多要素認証②所持物

　所持物認証で最も使われるのはワンタイムパスワードを使った認証方式です。ワンタイムパスワードは、認証の際に一回だけ使用できる、つまり使い捨てのパスワードのことで、スマートフォンのアプリなどのソフトウェアや、USBなどのハードウェアのトークンから発行されるものです。

ワンタイムパスワードを使用した認証

　ワンタイムパスワードの生成方法には次の種類があります。

① スマートフォンのアプリを使う方法

　何かしらのシステムを利用する際に、システムからスマートフォンのアプリにワンタイムパスワードを送り、認証する方式です。スマートフォンの使用時に生体認証機能を使っているとさらに安全性が高くなるため、近年普及してきている方法です。

② SMS認証

　こちらもスマートフォンを使う方式ですが、アプリではなく電話会社のSMS（ショートメッセージサービス）でワンタイムパスワードを送る方法です。多くの場合、電話番号は本人と結びついている

という特性を利用しています。

③　ハードウェアトークンを使用する方法

　　トークンは認証に必要な情報を生成するもの全般のことで、ハードウェアトークンはUSBや電卓のような形をしています。トークン内部の時計（30秒ごと）に応じてパスワードが表示されたり、利用者がボタンを押すことでパスワードを発行したりします。

ワンタイムパスワードのメリットとデメリット

　　ワンタイムパスワードは毎回パスワードが変化するため、なりすましの脅威が通常のパスワードに比べて少なくなります。また、

```
12345678
```

ハードウェアトークンの場合にはシステムのサーバとトークンが共有する秘密鍵に基づき、予測不可能なパスワードを生成するため、サーバ攻撃に強いという特徴があります。一方で、システム側と利用者側で専用のソフトウェアが必要となるほか、特にハードウェアトークンでは、トークン自体が比較的高価であるため、配布するコストが発生するほか、紛失したり、電池切れを起こしたりする可能性があります。

ＩＣカード認証

ICカード認証では、ICカードの金属部分（ICチップ）に情報を登録しておき、それを読み取ります。

カードで認証する仕組みには磁気カードもありますが、磁気カードの場合には読み取り機でスライドさせるなど、接触させる必要があります。近年広く使われている非接触型のICカードでは、読み取り機に○cm近づくことで読み取り機からの電波を受けてチップが起動し、読み取り機との間で認証情報を通信しあうという特徴があります。ICチップはそれ自体が小さなコンピュータのようなもので、記録できるデータ量が大きいということや、そのデータを暗号化することで、データ量が大きくなりやすい生体認証と組み合わせてより強固なセキュリティを確保できるという特徴があります。一方で、システム導入費用や、プラスチックカード発行のための費用がかかるというデメリットがあります。また、物理的な面でいえば利用者にカードを配布するコストや、紛失や盗難の可能性もあります。

２段階認証

近年増えている方式に２段階認証があります。これは、パスワードによる認証を行った後に、SMSなどを使った認証を行うなど段階を踏んで認証するもので、ウェブサイトでの認証にはインター

ネット回線を使用しますが、携帯電話の回線を使用することで、より安全性が高い認証方式です。

2段階認証は、「認証する段階」視点での認証方式であり、同じ認証要素であっても2段階の認証方式であれば構いません。一方、2要素認証は、「認証に使われる要素の数」視点での認証方式になりますので、異なる認証方式を使用することになりますが、2要素認証も2段階の認証を行うため、2段階認証にも該当することになります。

まとめ

　所持物認証で多く使われるワンタイムパスワード認証では、スマートフォンのアプリやSMSを使った認証方法があります。ハードウェアトークンを使用した認証では、サイバー攻撃に強いという特徴がありますが、費用がかかるというデメリットもあります。また、ICチップを利用した認証では、生体認証と組み合わせてより強固なセキュリティを確保することができます。

多要素認証③
身体的特徴

生体認証の概要

　生体認証（バイオメトリクス認証）とは、身体的または行動的特徴を用いて個人を認証するものです。身体的な特徴としては指紋、虹彩（瞳孔周辺の渦巻き状の文様）、静脈などがあります。また、行動的特徴としては、音声（声紋）、署名（手書きのサイン）などがあります。

生体認証のメリットとデメリット

　生体認証は、パスワードやICカードによる認証と比較して利便性が高く、また、記憶忘れや紛失によるトラブルがないというメリットがあります。とりわけ、静脈や虹彩などの生体パターンは多様であるため、偽造・なりすましが困難であるということが最大の特徴です。従来はコストがかかるというデメリットがありましたが、近年では生体認証の普及によって認証に必要な装置のコストも抑えられてきています。一方で、元となるデータを収集するため、一度身体的特徴に関するデータが流出すると、別の生体認証の仕組

みに使うことができなくなるというデメリットがあります。このため、利用者が提供に応じてくれるかということや、疾病や怪我により、生体的特徴が利用できなくなった場合に代替手段が必要になるといった点に注意が必要です。

主な生体認証技術

① 指紋認証

　指紋の隆線（手の皮の隆起）を照合して認証する方式です。指紋は指先をやけどをした場合でも全く同じ形で再生するので広く普及していますが、指紋を複製されるなどの危険性もあります。

② 虹彩認証

　虹彩とは眼球の黒目にある、しわのようになっている部分で、コピーがしにくいという特徴があります。このため、生体認証において本人なのに本人と認識されない「本人拒否」が起きにくい認証方法です。

③ 静脈認証

　手のひらにある静脈の形や分岐点などを赤外線で読み取る認証方法です。

④ 顔認証

　利用者の顔写真や顔の形をあらかじめ登録しておき、認証を行います。本人の顔を利用するので、採用する場合にはプライバシーに注意が必要です。

⑤　声紋認証

　人の声に含まれる特徴的な音の波形を利用して認証する方法です。風邪などで本人拒否が起きやすいほか、近年の生成AIの技術を用いれば偽造されやすいといえます。

生体情報の提供時の注意点

　生体認証は、パスワードと比較すると安全性が高い認証方式ですが、身体的特徴という機密性の高い個人情報を利用するため、提供しても良いのかという、自分自身や利用者の気持ちを考慮する必要があります。なお、身体的特徴は偽造されにくいものの、指紋をシリコンの型で偽造されるなど、生態認証を利用したなりすましの事例も実際に発生しているので、絶対安全ということはできません。ここでもやはり他の認証技術と組み合わせた多要素認証の仕組みが必要です。

認証の３要素のまとめ

　「知識認証」「所持物認証」「生体認証」をまとめると次のようになります。

認証方法	メリット	注意点
知識認証 （パスワード）	・アプリケーションに組み込むことが簡単 ・認証するための特別な機器が不要 ・広く普及しているので、抵抗感が少ない	・攻撃を受けやすい ・忘れた場合の対応が必要
所持物認証 （トークンによる ワンタイムパス ワード）	・ワンタイムパスワードは毎回パスワードが変化するため、なりすましの脅威が通常のパスワードに比べて少ない	・ハードウェアトークンは高価になりやすいほか、紛失や電池切れのおそれがある
生体認証 （指紋、静脈など）	・利便性が高く、また、記憶忘れや紛失によるトラブルがない ・偽造、なりすましが困難	・一度顔のデータが流出すると二度と使えない ・疾病や怪我により、生体的特徴が利用できなくなる場合に代替手段が必要

まとめ

　生体認証とは、身体的または行動的特徴を用いて個人を認証するもので、指紋、虹彩、静脈、声紋などがあります。偽造・なりすましが困難である一方で、一度データが流出すると二度と使えなくなる点や、利用者が提供に応じてくれるかという点、疾病や怪我で生体的特徴が利用できなくなった場合の代替手段が必要といった点に注意が必要です。

4 / 07 暗号化

　インターネット上での情報のやり取りにおいては、なりすましや改ざん、そして情報の中身を見られてしまう盗聴の危険性があります。これらのリスクに対処するための技術が暗号化であり、情報セキュリティにおいては非常に重要な概念です。

暗号化と復号

① 暗号化

　暗号化とは、情報の発信者が、何も加工されていないそのままの情報（平文）を、一定の規則によってほかの文字や記号に変換することをいいます。そして、受信者側でもとの認識可能な形式に直すことを復号といいます。

② 暗号化アルゴリズムと鍵

　平文を暗号化するために用いられる一定の規則のことを暗号化アルゴリズムといいます。暗号を解く鍵となるものは、このアルゴリズムに使われる一定の規則のことをさします。なお、鍵の長さのことを鍵長といい、長いほど解読されにくく、安全性が高まります。そして、暗号に用いる鍵の扱い方によって、共通鍵方式、公開鍵方

式、そしてこれらを合わせたハイブリッド方式があります。

共通鍵方式

　共通鍵方式は暗号化するのにも、復号するのにも、共通の鍵を使う方式です。秘密鍵暗号方式や慣用暗号とも呼ばれます。共通鍵方式ではあらかじめ送信者と受信者側で鍵を共有しておく必要があり、公開鍵方式と比較して処理速度が速いという特徴があります。

　共通鍵方式の運用方法は次のとおりです。

① 　送信者が共通鍵を作成

② 　安全な方法で受信者に共通鍵を送付

③ 　送信者は共通鍵でメッセージを暗号化し、受信者に送付

④ 　受信者はあらかじめ受け取っておいた共通鍵で復号する

　なお、共通鍵方式では送信する相手ごとに鍵を作成しなければならず、鍵の保管に注意が必要になります。

公開鍵方式

　暗号化と復号で別の鍵を使う方式を公開鍵方式といいます。暗号化に使用する鍵はネットワーク上に公開するため、公開鍵と呼ばれます。そして、復号に使用する鍵のことを秘密鍵といい、この両者を「鍵ペア」と呼びます。共通鍵方式では共通鍵を送信者が作成しましたが、公開鍵方式ではこの鍵ペアを受信者（例えばウェブサイ

ト側）が作成します。公開鍵方式の運用方法は次のとおりです。

① 受信者があらかじめ公開鍵と秘密鍵の鍵ペアを作成する

② 受信者は作成した公開鍵をネットワーク上で公開し、秘密鍵は
　だれにも公開せずに保有する

③ 送信者は入手した公開鍵で暗号化した情報を送信する

④ 受信者は秘密鍵を使って復号する

　公開鍵方式だと、第三者が公開鍵を入手したとしても、復号に必要な秘密鍵がないので安全であるという特徴があります。また、共通鍵のように相手ごとに鍵を変えるという必要もありません。ただし、秘密鍵の作成には複雑な暗号化アルゴリズムを使用するので、復号に時間がかかり、大量のデータを扱うのには向いていません。このように、共通鍵方式と公開鍵方式には一長一短があり、扱うデータの内容によって使い分ける必要があります。

まとめ

　暗号化とは、情報の発信者が、何も加工されていないそのままの情報（平文）を、一定の規則によってほかの文字や記号に変換することをいい、受信者側で元の認識可能な形式に直すことを復号といいます。そして、暗号化と復号に共通の鍵を使う共通鍵方式、暗号化に公開鍵、復号に秘密鍵を使う公開鍵方式があります。

4
08 公開鍵基盤（PKI）

　暗号化の中でも公開鍵技術は、送信データの送り手が本当に本人なのか、また、送信データが改ざんされていないか、といった脅威からデータを守る重要な技術です。ただし、公開鍵という特性上、その公開された鍵自体を信頼してもいいのか、という点が非常に重要です。この信頼性を担保するための仕組みとして、公開鍵基盤（PKI）では、認証局が電子証明書を発行して、公開鍵が正当な送信者のものであることを保証しています。

　電子証明書を使ったデジタル署名のしくみでは、公開鍵方式に加えて、「ハッシュ」と呼ばれる技術が使われます。ハッシュとは、元となっているデータを一定のルールに従って変換し、固定長の値にすることです。この変換手法を「ハッシュ関数」と呼んでいます。また、変換後のデータを「メッセージダイジェスト」と呼びます。

公開鍵基盤の概要

　公開鍵基盤にはインターネット上でデータを送りたい人（送信者）とデータを受け取りたい人（受信者）のほかに、認証局という存在があります。認証局とは公開鍵と本人との関係を証明する第三

者機関のことをいい、公開鍵が認証局によって保証されると電子証明書が発行されます。電子メールでは次のようになります。

① 証明書の発行

1）送信者Aが「公開鍵（A）」と「秘密鍵（A）」の作成を行います。

2）送信者Aが加入者情報と公開鍵（A）を認証局に送り、証明書の発行申請を行います。

3）認証局は本人性の確認を行い、送信者Aの加入者情報と公開鍵（A）に、「秘密鍵（認証局）」を用いてデジタル署名を行うことで、認証局が証明したこととなり、加入者の証明書が発行されます。

② 送信者の手順

4）送信者Aはメッセージ（平文）を作成します。

5）送信内容をハッシュ関数によって圧縮します。圧縮されたものをメッセージダイジェストと呼びます。

6）メッセージダイジェストを秘密鍵（A）で暗号化し、デジタル署名を行います。

7）平文とメッセージダイジェストを受信者Bに送ります。

③ 受信者の手順

8）受信者Bは相手の公開鍵（A）を入手します。

9）受信したデジタル署名を、公開鍵（A）で復号します。

10）受信した平文を、相手と同じハッシュ関数で圧縮します。

11）上記の9）で受信したデジタル署名のメッセージダイジェストと、10）で圧縮してできたメッセージダイジェストが同じであ

れば、改ざんされていない、真正なメッセージであることが確認できます。

| まとめ |

　公開鍵自体が信頼できるものか、この信頼性を担保するための仕組みとして、公開鍵基盤（PKI）があります。公開鍵基盤のデジタル証明書を、信頼できる第三者である認証局が発行することで、なりすましや改ざんからデータの真正性を確保することができます。

4 / 09 SSL/TLS

SSL/TLSとは、インターネット上の通信データを暗号化することで、個人情報やクレジットカード情報などの重要なデータを第三者の盗聴や改ざんから防ぐための技術です。

SSL/TLSの概要

SSL（Secure Sockets Layer）/TLS（Transport Layer Security）とは、インターネット上で安全な通信（セキュア通信）をするための規格（プロトコル）です。

通信する相手がなりすましでなく本物なのか、例えば銀行の利用者がオンラインバンキングをするにあたって、アクセスしたサイトが本当にその銀行が設置したものなのかを銀行側が証明しようとするとき、認証局からデジタル証明書を発行してもらいます。これによって利用者のパソコンは安全に通信を行うことができるのです。

SSL/TLSの通信の流れ

① **事前準備**

1）オンラインバンキングやネットショッピングなど、何かしらの
サービスを提供するサーバ側が、公開鍵と秘密鍵の鍵ペアを作
成します。

2）サーバ側はそのサーバの公開鍵と、認証局からの署名の入っ
た、サーバ証明書を発行してもらいます。

3）証明局そのものが安全かについては、PCが作られた時点や、ウェ
ブブラウザのダウンロード時にその証明局の公開鍵がインス
トールされています。主要な認証局であればコンピュータのベ
ンダーなどによってあらかじめインストールされているのが一
般的です。

② **通信段階**

4）利用者がインターネットのブラウザからサーバにアクセスする
と、サーバからサーバ証明書が送られます。

5）利用者側のブラウザには3）の説明のようにあらかじめ認証局
の公開鍵が組み込まれているので、送られてきたサーバ証明書
にある署名をインストールされている認証局の署名で復号しま
す。

6）証明書を検証して、正しければサーバが安全であるということ
になり、通信を開始します。

SSL/TLS の利用

　上記の手順を踏んで、安全なウェブサイトの利用が可能となります。一般的にTLSは（2.1）で見たようなHTTPSのほとんどで標準的に使われており、HTTPSで通信が行われている場合にはウェブブラウザにhttps:// という表示と、鍵のアイコンが表示されるようになっています。このため、SSL/TLS通信をしていない場合はブラウザ側で「このサイトは安全ではありません」「安全ではない通信」などと表示されます。

　Googleの検索では、HTTPSのサイトが安全だとみなされて上位に表示されるということが示されています。このため、自社で数年前に開発したウェブサイトがSSL/TLSに対応していない（SSL化していない）場合は、早めにSSL化することをおすすめします。

　なお、これまで安全に使えていた自社のウェブサイトが急に「安全ではない通信」と表示されるようになったら、それは認証局から発行された証明書の期限切れを起こしている可能性があります。SSL/TLSにおける証明書の有効期間は当初は5年間でしたが、それがだんだん短縮されていき、現在はおおむね1年で更新を求められるようになっていることが考えられます。

SSL → TLSへ

SSLには「ほんの少し改変されていた場合、それを見抜くことが

できない」といったような脆弱性があることがわかっています。このため現在ではTLS規格を使うことが推奨されていますが、前述の「SSL化」など、SSLという呼称が広く使われているため、SSL/TLSと表現すること多くなっています。

まとめ

　SSL/TLSは、認証局の発行するサーバ証明書を使い、インターネット上の通信データを暗号化することで、安全に利用することができる技術です。ウェブサイトを自分が利用する場合や、逆に自社の顧客が安心して利用できるために、仕組みを理解しておくことが重要です。

4/10 ファイアウォール

　ファイアウォールは通信において、その通信をさせるかどうか、許可・拒否といった判断をする機器のことをいいます。これにより、不正なデータ送信やアクセスをしてくる相手先のIPアドレスを設定して、攻撃を内部に行かせず、ファイアウォール部分で阻止することができます。

ファイアウォールのイメージ

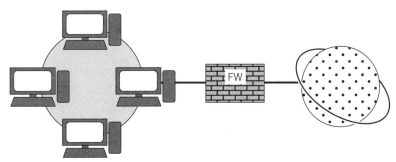

ファイアウォールによる接続のしくみ

　ファイアウォールがアクセス制限を行えるのは、あらかじめ「192.168.○.○へのアクセスは許可するけれど、それ以外は許可し

ない」といったような設定をすることができるからです。このよう
にIPアドレス等からアクセス制御を行う方式をパケットフィルタ
リング型といいます。一方で、HTTPなどアプリケーションごとに
アクセス制御を行うものをアプリケーションゲートウェイ型といい
ます。

　なお、(2.2)でみたように、自社のウェブサイトやメールなどは、
インターネットと接続しなければなりません。そこで、内部ネット
ワークと外部ネットワークの間にDMZを設置して、その前後に
ファイアウォールを置くことで、完全に外部と遮断することなく
ネットワーク接続をすることができるようになっています。

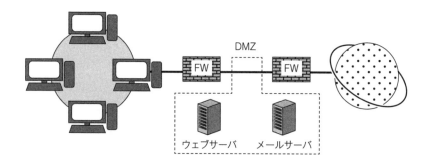

監査ログ

　ファイアウォールにはこれまでみてきたようなアクセス制限の他
に、監査用のログを記録する機能があります。何かしらの障害が発
生した場合に、通過させなかった記録だけでなく、通過させた記録
も残しておくことで、障害復旧に役立たせることができます。

WAF

WAF（Web Application Firewall：ワフ）は、ウェブアプリの脆弱性に起因するSQLインジェクションやクロスサイト・スクリプティングなどの攻撃を防御するための仕組みです。これは、通信内容を分析して、不正な通信や一定の攻撃内容を「シグネチャ」と呼ばれるパターンに落とし込み、それに該当するものをはじいていくものです。一方で、正常と判断される通信だけを通過させるという仕組みもあります。

注意点

IPアドレス等からアクセス制御を行うパケットフィルタリング方式では、不正なパケットを遮断する機能がありますが、ファイアウォールが不正なパケットであると見破れないことがあります。その対応として、例えば企業内部から送られたデータについて記録しておいて、その情報をもとに不正がないかを判断し、正常であれば通信を許可するというステートフルインスペクション機能があります。

なお、ファイアウォールを設置したからといって、万全とはいえません。ファイアウォールは必要不可欠の設備であり、法人であれば導入されているのが一般的ですが、攻撃者側が新たな攻撃手法を考えて来た場合、上記のような一定のパターンに落とし込むことができずに、攻撃の被害を受けてしまうことがあります。このため、

ネットワーク防衛においては、次項で解説するIDS/IPSのような複数の防御手段（多層防御）を講じることが必要です。

> **まとめ**
>
> 通信をさせるかどうか、許可・拒否といった判断をする機器のことをファイアウォールといい、攻撃からネットワークを防御することができます。ファイアウォールは必要不可欠の設備ですが、ファイアウォールだけでは万全といえないので、複数の防御手段を講じることが必要です。

3
11 不正侵入検知システム・侵入防止システム

　ファイアウォールと似た機能に、不正侵入検知システム（IDS）・侵入防止システム（IPS）といった製品があります。ファイアウォールではパケットフィルタリングやアプリケーションゲートウェイといった方式で攻撃を防御しますが、常にインターネットにつながるウェブサーバなどでは、DoS攻撃のような攻撃をすり抜けられてしまいます。そこで、壁をすり抜けてきた攻撃を検知する仕組みが必要になります。

IDS/IPSの概要

　IDS（Intrusion Detection System）は、異常な通信を検知するものです。ファイアウォールをすり抜けてきた不正アクセスを検出し、管理者にアラートを送信します。IDSは検知のみを行うので、具体的な対応は行いません。

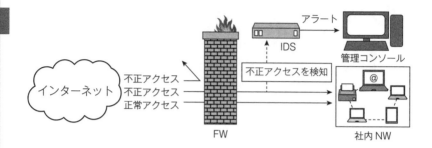

一方でIPS（Intrusion Prevention System）とは、不正アクセスを検知してブロックする仕組みです。検知した場合に、ネットワークを自動で遮断することもできます。

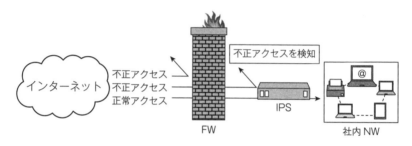

IPSはリアルタイムで動作し、ネットワークを通過するすべてのパケットを検査します。攻撃に対して必要な対応を取ることができる一方、正常な通信を誤って検知することがあり、その場合には通信に負荷がかかる場合や、ネットワークが勝手に遮断されると困ってしまう場合もあります。そのため、システムによっては、検知のみ行い、最終的な判断は情報システムの担当者が行うというケースもあります。

IDS/IPSの検知パターン

　IDS/IPSの検知の方法には2パターンあり、1つはWAFのように一定のパターンをシグネチャに定義して、それに該当するものをはじいていく「シグネチャ型」です。ただし、シグネチャ型では攻撃者が新たな攻撃手法を用いてきた場合に検知できないので、正常なパターンを定義しておいて、それから外れたものをはじく「アノマリ（異常）検知型」もあります。なお、アノマリ型も、通常の業務でイレギュラーなパターンがあった場合に異常とみなしてしまう可能性があります。

ネットワーク型とホスト型

　IPS/IDSには、ネットワーク上で遮断するネットワーク型と、ホスト（サーバ）側で遮断するホスト型があります。

　ネットワーク型はその名のとおり、ネットワーク上の通信を監視するものです。一方でホスト型は、ホスト（サーバ）側に監視システムを設置し、通信履歴やファイルへのアクセス状況などから不正なアクセスを監視するものです。

セキュリティ対策基礎技術

まとめ

　ファイアウォールで対応できない攻撃に対して、不正なアクセスを検知し、場合によって遮断するのがIDS/IPSの仕組みです。IDS/IPSを設置したとしても、最終的には人間の判断を仰ぐ場合もあります。

3 / 12 スイスチーズモデルと多層防御

ファイアウォールの部分で、多層防御について触れました。多層防御の理解のためにはイギリスの心理学者であるジェームズ・リーズンが提唱したスイスチーズモデルというリスクマネジメントの考え方が参考になります。

スイスチーズモデルの概要

スイスチーズというのは、大小さまざまな穴の開いているチーズのことです。そして、スイスチーズモデルとは、ヒューマンエラーから事故やトラブルに至るモデルのことで、事故は単独で発生するわけではなく、複数の事象が連鎖して発生するという考え方です。

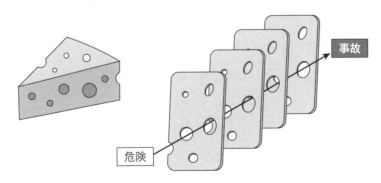

一般的に、事故が想定される現場では、いくつかの予防策（防御壁）を設けるのが普通です。たとえば火事に対しては自動火災報知器や消火器の設置、防火壁に不燃材料といった予防策を設けます。このような物理的な対策のほかにも「タコ足配線をしない」とか「燃えやすいものを家の周りに置かない」といった、知識や技術的なものもあります。しかし、それでもそういった予防策をかいくぐって火事は発生しています。スイスチーズモデルは、こうした事故の発生状況を表したものです。

スイスチーズモデルとセキュリティ対策

スイスチーズの1枚1枚を、様々なセキュリティ対策の防御壁と見立てると、穴は脆弱性や短所、システムを使用する人そのものと言えます。通常はシステムの利用者が何かしらのミスをしても、次の防御壁がカバーしてくれます。いくつかの偶然が重なったときに穴を通過してしまうこともありますが、例えば脆弱性の解消や、利用者のセキュリティ知識を上げていくことで、穴を小さくしていったり、穴の数を減らしたりすることができます。

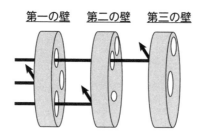

第一の壁　　第二の壁　　第三の壁

ファイアウォール・WAF・IDS/IPSの関係

　かつては、外部からの攻撃にはファイアウォール、そして端末にはウイルスソフトを導入すれば情報セキュリティ対策として十分という時代もありました。しかし、攻撃者側は常に新たな手法を考えて攻撃してきます。そのため近年では、1つの壁を突破されても次の壁で対応できる多層防御が求められています。

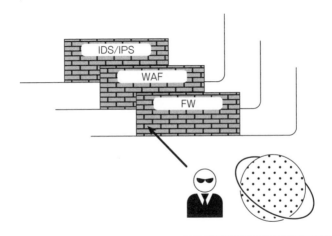

まとめ

　スイスチーズモデルでは、通常は何かミスがあっても、次の防御壁がカバーしてくれます。いくつかの偶然が重なったときに穴を通過して事故が発生してしまうこともありますが、穴を小さくすることで防御壁を強くすることができます。そして、このような防御壁を複数設ける多層防御が近年では求められています。

3 / 13 不注意からの情報漏えい（メールの誤送信）

不注意からの情報漏えい：個人情報関連事故の割合

　個人情報を適切に保護している事業者等を評価する仕組みにプライバシーマーク制度があります。プライバシーマーク制度を運営する一般財団法人日本情報経済社会推進協会（JIPDEC）が発表した「2022年度　個人情報の取り扱いにおける事故報告集計結果」では、誤配達・誤交付（3,013件）に続いて、誤送信が（1,730件）となっており、外部の攻撃よりも担当者のミスでの情報漏えいが多いことがわかります。

メールの誤送信から情報漏えいの事例

事例1：内々定通知メールを4万人に誤送信

　国内大手旅行会社が、2020年の新卒採用にエントリーした学生約4万3000人全員に、誤って内々定通知メールを送信したケースです。内々定者だけに送るはずだったメールを、内々定者だけという部分にチェックを入れるところを、誤ってエントリー者全員に

チェックを入れて送信してしまったことが原因です。選考に参加していない学生にも内々定通知が届くなどし、対象の学生に謝罪するメールを送ることとなりました。

事例２：メール誤送信で市職員約1800名分の個人情報流出

　2018年にある自治体で、職員が本来添付すべきファイルを、誤って職員約1,800名分の個人情報を含んだファイルを添付したことにより、個人情報が流出してしまいました。送付先の民間企業から関係ないファイルが添付されているという指摘から判明したもので、この自治体のメールソフトには誤送付防止のための仕組みもありましたが、職員が確認を怠ったことが原因でした。なお、この自治体では2023年にも業務委託先の事業者が本来添付する必要のない送信先メールアドレス一覧を誤送信する事例がありました。この委託先ではメール送信時に複数人によるチェックは行っていたものの、その記録やチェック項目までは作成していなかったことによってファイルが添付されていることに気付かず、そのまま送信してしまったものです。

メールの誤送信を防ぐ注意点・対策

誤送信のパターンには次のものがあります。

宛先間違い	・オートコンプリートによる誤入力 ・一斉送信のアドレスをBCCでなくTOやCCに入れてしまった
社内ルール違反	・BCCを使用してはいけないというルールに違反した ・上長の許可を受けずに送信した
誤情報	・コピー&ペーストのミス（先に送っていた取引先Aさんへのメールをそのままコピペして、取引先Bさんのアドレスに Aさん名で送ってしまった） ・添付ファイルの間違い

このうち、最も多く聞かれるのがアドレス入力ミスによるものです。これはメールソフトのオートコンプリート機能が原因となる場合が多いようです。オートコンプリート機能では、例えば「kato」と入力すればその後の「kato@xxx.co.jp」まで候補を表示してくれますが、その一方で、別の取引先に同じユーザーネームの人がいた場合に「kato@aaa.co.jp」といったように、誤った宛先の候補を表示してくる場合もあります。このようなミスを防ぐためには、オートコンプリート機能をオフにすることが挙げられます。

メール誤送信防止機能

近年ではメールソフト側や、セキュリティベンダなどによって、

メールの誤送信を防止するサービスも提供されています。例えば送信保留機能では、メールの送信ボタンを押してもすぐには送信されず、いったん送信フォルダ内に保存されて、一定時間経過後に送信されます。ファイルの添付し忘れなど、一定時間内であれば送信を取り消すことができます。また、チェックボックス機能では、送信ボタンを押すとチェックボックスが現れ、それにチェックを入れないと送信することができません。さらに、メール本文や添付ファイル自体を暗号化する、メール暗号化ソフトを導入する企業も増えています。

　なお、メールを誤送信した経験のある人であればわかると思いますが、誤送信する場合の多くは、「急いでいた／余裕がなかった」という場合に発生しやすいのではないでしょうか。急いで見積書をメール添付で送らなければならない場合などには、上記のようなチェック項目があったとしても、それをないがしろにしてしまうケースがあります。「急いでいる／余裕がない」時こそ、誤送信に注意を払わなければなりません。

> **まとめ**
>
> 　不注意からの個人情報の漏えいは、サイバー攻撃よりも担当者のミスによるものが多くなっています。電子メールではオートコンプリートなどいくつかの要因がありますが、それにあわせて誤送信防止機能も広がってきています。特に「急いでいる／余裕がない」時こそ、注意を払わなければなりません。

Chapter. 5

SNS利用におけるセキュリティの脅威と防御策

この章では、SNS利用時注意すべき脅威と、
その防御策について説明しています。

5

(01) ワンクリック詐欺

　民法上の契約は、購入者の申込みと、販売する事業者の承諾に
よって意思が合致した際に成立します。インターネットなどを介す
る電子商取引においては、電子契約法によって、事業者側に購入者
に意思確認の措置を取らせることなどが定められています。

　しかし、ワンクリック（請求）詐欺では、ウェブサイトやSMS（電
話番号だけでメッセージを送れるサービス）やSNS・メールに記載
されたURLを一度クリックしただけで、一方的に会員登録完了な
ど契約成立を宣言され、料金の支払いを求められます。正当な契約
手続きが完了しているかのように見せかける悪質な詐欺です。

ワンクリック詐欺の手口

　ワンクリック詐欺には次の特徴があります。

契約の成立	・料金など契約内容を事前に明確に説明していない 利用者が契約する意思がないにも関わらず「契約が成立した」と表示する ・「契約は法的に有効」であるなどと強調する
個人を特定したかの ようにみせる	・利用端末やIPアドレス、プロバイダ情報を表示する ・登録日時や「未納状態」などと表示して不安をあおる
連絡の強要	・「18歳未満や誤作動でタップした場合など」と表示して電話やメールで連絡させようとする
支払いの強要	・「期限内に支払わないと延滞金が発生する」「支払わなければ法的措置を取る」といった脅迫的な内容で不安をあおる

　また、ワンクリック詐欺では、アダルトサイトや無料音楽サイト、無料漫画サイトのコンテンツをダウンロードする際や、動画コンテンツの再生ボタンをクリックした際に「登録完了」などの表示が出される場合もあります。同様に、正規のアプリストアを通じないでダウンロードしたアプリを起動したときに高額な請求を表示されるというパターンもあります。

対処方法

　ワンクリック詐欺の対処法は「何もしない」です。不安にかられてキャンセル用の窓口とされている電話番号に電話したり、メールを送ってしまうと、それによって自分の個人情報を自ら詐欺グループに提供してしまうことになります。メールや電話番号を教えてし

まったりして不安になった場合には、地域の消費生活センターや国民生活センターに相談することが考えられます。国民生活センターでは同様のケースの相談を多数受けており、2022年度ではワンクリック詐欺について約8,000件の相談が寄せられ、そのほとんどが50歳代以上となっています。

消えない画面への対応

　ワンクリック詐欺では、「請求画面が消えない」という被害が多く報告されています。通常、インターネット等のブラウザを閉じれば請求画面を閉じることができますが、全画面表示などで閉じさせないようにする手口もあります。その場合には【Alt】＋【F4】のキー操作で閉じることができるほか、【Ctrl】＋【Alt】＋【Delete】でタスクマネージャを起動させてブラウザを閉じることができます。

タスクマネージャ起動時の画面

タスクマネージャ起動後、ブラウザ（この例では「Google Chrome」）を選択して「タスクの終了」

PC画面に請求画面が繰り返し表示されるような場合には、「システムの復元」を試みるか、PC自体の初期化を検討することも考えられます。業務用のPC端末でそのような状況になった場合には、システム担当者に相談しなければなりません。

また、スマートフォンにおいて画面が消えない場合も同様に、「タブを閉じる」を選択するほか、キャッシュ（一時ファイル）を削除することで多くの場合は消すことができます。スマホでのキャッシュの削除方法は次のとおりです。

iOSで履歴やキャッシュを削除する方法

「設定」内の
「Safari」を選択

「履歴とWebサ
イトデータを消
去」を選択

Androidで履歴やキャッシュを削除する方法

Chromeを開き、
その他アイコン→
[設定]を選択

詳細設定内の[プ
ライバシー]を選
択し、次に[閲覧
履歴データの消去]

まとめ

　ワンクリック詐欺は正当な契約手続きが完了しているかのように見せかけて、一方的に会員登録などの契約成立を宣言され、高額の料金の支払いを求められます。利用者の不安に付け込む悪質な詐欺です。基本的には「何もしない」ことで十分ですが、不安な場合には消費生活センターや国民生活センターに相談しましょう。

5／02 フィッシング詐欺

　フィッシング（phishing）とは、AmazonやYahoo、メルカリなどによく似た偽のサイトに誘導し、アカウント情報やクレジットカード情報を盗むことで、メールやSMS（電話番号からメッセージを送れるサービス）、そしてSNSを使ってこのような偽のサイトに誘導することをフィッシング詐欺と呼んでいます。

　このようなフィッシング詐欺を行うサイトの数は、フィッシングに関する情報収集・提供、注意喚起等の活動を中心とした対策の促進を行なっている「フィッシング対策協議会」の調査によると2023年11月の時点で1万を超える件数が報告されています。

フィッシング詐欺事例（フィッシングメール例）

　こちらは筆者のもとに届いた、実際のフィッシングメールです。どう見ても本物としか思えないメールで偽りのウェブサイトに誘導されてしまいます。

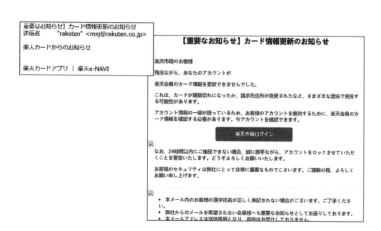

フィッシングメールでよくあるのが、有効期限などの日付が指定されており、今すぐに対応しないと期限切れなどにより、そのサービスが使えなくなるかもしれないと焦らせて、冷静な判断をできなくする点です。この事例でも「24時間以内に」との表示があります。筆者の場合は、こちらの会社のカードを持っていなかったため、すぐにフィッシングメールだと気づきましたが、実際に同じカード会社のカードを持っていたら、騙されてしまう場合もあるのではないでしょうか。

前記のフィッシング対策協議会では、このようなケースでクリックした場合にどうなるかの事例を紹介しています。まず、ログインボタンを押すと、本物そっくりのログイン画面が現れ、ここにログインIDとパスワードを入力することで、IDとパスワードが盗まれてしまいます。次に、本人連絡先として、様々な個人情報を入力させられます。その後、クレジットカード番号も入力させられるの

で、そこまで終了したら、攻撃者がクレジットカードを使い放題になるというわけです。

フィッシング詐欺の例

　フィッシング詐欺は金融機関をかたるものが主流でしたが、近年では通販会社をかたるものが多くなっています。

① 国税庁をかたるもの

　「未払い税金支払いのお願い」などの文面を送信し、その中にあるURLでフィッシングサイトに誘導するものです。受信した側に、コンビニでプリペイドカードなどを買ってこさせ、その番号を入力させたり、券面の写真を撮影させることでプリペイドカードの番号を盗み、そのカードにチャージされている金額を奪うものです。

② 宅配便業者をかたるSMS

「不在のため持ち帰りました」などというメッセージを送り、フィッシングサイトに誘導するものです。

③ 世の中の関心に乗じるもの

「新型コロナウイルス給付金の手続きについて」などのメールが送られるものです。メールに記載のURLにアクセスすると「受け取りのためには手数料が必要」と表示され、そこでAmazonギフトカードの番号を入力するように求めたものがありました。

④ 金融機関をかたるもの

クレジットカード会社をかたるものでは「ご本人様の利用か確認させていただきたい取引がありましたので、カードの利用を制限させていただき、ご連絡させて頂きました」などという例があります。

⑤ その他の組織をかたるもの

ETC（有料道路の通行料金の自動支払いシステム）カードが利用停止になった、Amazonのアカウントが停止された、JRの会員が停止になった、電力会社の未払い代金があるなど、詐欺を行う側は多種多様な組織をかたってメールを送ってきます。

フィッシング詐欺の対策

まずは日本語がおかしいかチェックすることです。従来は、ほぼすべてのフィッシングメールにおいて「日本語が変」という特徴がありました。文章が途中で途切れていたり、「誠にありがとうござ

いますこのメール」のように、「、」「。」がなかったり、逆に「長い間にログイン。していない」など変なところに句読点が入っていたり、銀行からのメールなのにクレジットカードの支払いについての内容など、よく見ていけばおかしなところがたくさんあります。

次に、メールアドレスをチェックします。すべてのフィッシングメールにおいて、送信元のアドレスがおかしいケースがほとんどです。水道局からのメールのはずなのに一般企業のようなドメインになっているものや、日本国内からのはずなのに、「.jp」でなくて「.cn」になっている、一般企業からのはずなのに、メールアドレスが「fgjrtshjdsj@sghre.xxx.ru」のように、めちゃくちゃなものになっているというケースもあります。

なお、一見正規のメールアドレスのように見えても、表示名を正規のメールアドレスのように装っているケースもあるので注意が必要です。

それから、SMSの場合は文面をチェックします。SMSの場合には、身元を明らかにしない連絡がほとんどです。新型コロナウイルスの拡大時には、感染者のスマホに保健所からのSMSが届きましたが、その場合は「○○県感染症対策課からのお知らせです」といったように、その身分を明らかにし、電話番号以外にも住所などを記載していました。

また、SMSの場合には誘導先のアドレスの文字が変になっているケースも多くみられます。たとえば「こちらにご連絡ください *z*-outi.com」のように、文字の一部が太字の斜体になっている場

合があります。

　最後に金融機関のサイトにアクセスするとき、金融機関では、利用者の暗証番号や、インターネットバンキング等のログインID・パスワード等を、メールやSMSで問い合わせたり、ウェブサイトに誘導した上で入力を求めるようなことはありません。よってそのようなメールが来たとしてもアクセスしないようにするか、金融機関のウェブサイトにアクセスするときは、あらかじめ正規のURLをお気に入り登録するなどして利用することが重要です。

まとめ

　フィッシング詐欺とはメールやSMSなどを使って偽のサイトに誘導し、アカウント情報やクレジットカード情報を盗むことです。フィッシングサイトなどは本物のように精巧ですが、送られてくるメールやSMS自体には必ず変なところがあります。「未納がある」などとして利用者を動揺させて、その変な部分に気づかせないようにするところまでが犯罪者の手口ですので、落ち着いて文面をよく読むようにしましょう。また、記載されているURLは絶対にクリックしたりタップしたりしないようにして、速やかに削除しましょう。

4

03 リスト型攻撃

　前項で説明したフィッシング詐欺に引っかかってしまい、フィッシングサイトでユーザーIDやパスワードを入力し、情報を騙し取られてしまった場合、そのユーザーIDやパスワードを利用して、他のサイトにまでアクセスされてしまう可能性があります。

リスト型攻撃の概要

　リスト型攻撃とは、3.5で触れたパスワードクラックのように、何らかの手段でIDとパスワードの組み合わせを入手し、不正ログインを試みる手法です。アカウントリスト型攻撃やパスワードリスト型攻撃とも言われます。

　一般的に、各種ウェブサイトやスマートフォンのアプリなどの各種サービスを利用するユーザーは、IDやパスワードを使いまわす傾向にあります。攻撃者は、これを逆手に取って、「他のサイトでも同じパスワードなのでは？」と、盗んだIDやパスワードで他のサイトにもログインを試みるのです。

　このため、もしフィッシング詐欺やハッキングによって自分の情報が漏えいしてしまった場合、そのサービスのIDやパスワードを

変更するだけでは足りず、他のサービスのIDやパスワードも変更する必要性があります。

被害例

リスト型攻撃で最もリスクの高いのが「アカウントの乗っ取り」です。近年では次のような攻撃がありました。

① アパレルの大規模攻撃

2019年に、日本大手のアパレルブランドのオンラインストアにおいて、登録されている46万件以上のアカウントに対する大規模な不正アクセス攻撃が行われました。この結果、氏名や住所、電話番号や服のサイズ、クレジットカード番号の一部が閲覧された可能性があることがわかりました。

この事例では「身に覚えのない登録情報変更の通知メールが届いた」という利用者からの問い合わせで発覚し、個人情報が閲覧された可能性のあるIDについて無効化が行われ、パスワード再設定のお願いをメールにて送るという対応がなされました。

② 転職サイトでWeb履歴書の情報漏えい

2023年に、国内大手転職情報サイトにおいて、外部からの不正アクセスによって25万人分のWeb履歴書の情報漏えいがありました。これは不正なアクセスを検知したことから判明したもので、送信元のIPアドレス群からのアクセスをブロックする対応がとられ

ました。また、不正アクセスの対象者には、パスワードリセットを
行い、パスワードの再設定を促す通知をメールで送る対応がとられ
ました。

リスト型攻撃への対策

　リスト型攻撃への対策としては、ユーザー側でできるものと、
サービスを提供する側でできるもの、の2つのパターンがあります。

ユーザー側	サービス提供側
パスワードを使いまわさない	パスワード使いまわしに対する注意喚起
パスワードを1年周期など定期的に変更する	ID・パスワード以外の多要素認証の導入
長いこと使っていないなど、重要でないサービスの場合はアカウントを削除する	推測が容易なパスワードの登録拒否
定期的にログイン履歴を確認する	ID・パスワードが一定回数以上認証に失敗したらロックする
身に覚えのない登録情報変更の通知に注意する	普段とは異なるIPアドレスや端末からのアクセスに対し、注意を促す

まとめ

　何らかの手段でIDとパスワードの組み合わせを入手し、不正ログインを試みる攻撃方法のことをリスト型攻撃と言います。私たちユーザー側は、IDやパスワードを使いまわす傾向にあるので、適切なパスワード管理を心掛けましょう。また、提供するサービス側においても、ユーザーが安全に使えるようにするための仕組み作りが欠かせません。

5
04　スマートフォン　乗っ取りの脅威

　メールに記載のURLをタップすることなどから不正なアプリを
スマホにインストールさせ、スマホを乗っ取る事例が報告されてい
ます。

スマートフォン乗っ取りの恐怖

　Android端末において、スマートフォンのバッテリーを長持ちさ
せるアプリなど、万人受けする情報をメールで多くの人に一斉送信
して、便利なアプリにみせかけた不正なアプリをダウンロードさ
せ、アプリを起動した人のスマホを乗っ取って次の攻撃の踏み台に
したり、キャリア決済サービスを勝手に使われたり、個人情報など
を詐取されたりするという被害が発生しています。不正アプリに
は、インストール後に、携帯キャリアが提供している正規のセキュ
リティソフトを削除させようとするものもあります。

　ここでは、2012年ごろに確認された「電波改善」というアプリ
の例を紹介します。

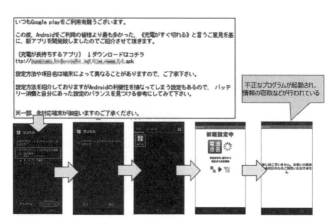

出典：IPAセキュリティセンター、および総務省 総合通信基盤局消費者行政課
「スマートフォンにおける利用者情報の適切な取扱いに関する取組」
https://www.cao.go.jp/consumer/iinkai/2013/137/doc/137_131126_
shiryou 9 _.pdf

不正アプリの概要

　不正アプリをダウンロードしてしまう経路は次のパターンがあり
ます。

SMS	国税庁などをかたるSMSに記載のURLをタップすると、「マルウェアが確認されました」などと表示され、不正アプリをインストールするよう誘導する
フィッシングサイト	メールでの誘導のほか、一般的な情報サイトに「無料!」などの広告を掲載して誘導し、誘導された先でダウンロードしてしまう
人気アプリに似せる	写真の加工アプリなどによく似たアプリを作成し、ダウンロードさせる

スパムメールによる不正アプリインストールの概要

上記のほかに注意したいのが、スパムメールによる乗っ取りです。そのフローは次のとおりです。

① マルウェアが添付されたスパムメールが送られてきます。

② ユーザーが添付ファイルを開封、もしくはメール本文中のURLをクリックします。

③ アプリがインストールされてしまいます。

④ アプリの起動だけでなく、バックグラウンド通信（アプリを操作しなくても自動的に行われる通信）によって端末の電話番号や識別番号、各種履歴等を盗んだり、アドレス帳データを収集したりします。GPSやカメラを起動する場合もあります。

アプリへの権限の許可

　Androidではバージョン6.0以降インストールした各アプリが、スマホのどういった機能や情報にアクセスすることができるか設定できるようになっています。このことを「権限」と呼んでいます。

　例えば、位置情報ゲームを利用する場合には多くの場合GPS機能へのアクセス権限を許可する必要があります。それから、InstagramやTikTokに代表されるようなメディア型のSNSでは、アプリが写真やビデオ、カメラを使うことに対して権限を与えて使っていると思います。

　このように、通常アプリをインストールする場合には「このアプリケーションに許可する権限」といった表示がされます。みなさんは、その表示の中身を詳しく確認してアプリをインストールしているでしょうか。ここで「許可」を与えないと、アプリをインストールできないため、「この権限の許可は、いるかな？」と少し不審に思いながらも、多くの方は許可を与えているのではないでしょうか。

　そして、アプリによってはそのアプリに関係のない「連絡先」などの情報を求めてくるものもあります。前記の電波改善アプリのケースでは、なぜ「個人情報」へのアクセスが必要なのかを疑問に思い、場合によってはインストールをここでやめることも必要です。

アプリの権限許可の危険性

　2023年5月には、Google PlayストアにアップされていたAndroidアプリが、当初は画面録画をするアプリだったものの、その後のアップデートでユーザーの音声を盗聴するマルウェアになっていたという事例がありました。このように「アプリに許可する権限」によっては「カメラ」権限を許可することで「盗撮」されたり、「マイク」権限を許可することで「盗聴」されたりしまっている可能性もあります。

　最近では、スマホ内にフィットネスやヘルスケアの情報も保存されていますが、機密性の高いこれらの個人情報へもアクセスできてしまいます。また、IoTの広まりからスマート家電も普及しており、インターネットに接続することで遠隔操作が行えるHomeKit関連製品もありますが、これに不正にアクセスできれば、攻撃者が、家の家電に侵入して勝手に操作することなどもできてしまします。

不正アプリをダウンロードした場合の対策

　アプリのダウンロードは、App StoreやGoogle playストアの正規のサイトからダウンロードすることが基本です。しかし、Androidはオープンソースであるため、攻撃者側が不正アプリを偽装しやすいという特徴もあります。アプリストアでの口コミに気を付けることも重要ですが、特に不正アプリをダウンロードしてしまった場合には次のような対応を取ります。

①	スマートフォンを機内モードにしてネットワークから遮断する
②	不正アプリをアンインストールする（必要なデータはバックアップ）
③	スマートフォンを初期化する
④	Googleをはじめすべてのアカウントの変更
⑤	キャリア決済等の不正使用がないか、携帯会社に確認
⑥	各種サービスから会員情報変更などのメールやメッセージが届いていた場合は、不正使用がないか確認する

まとめ

　フィッシングサイトなどによって不正アプリをインストールしてしまうと、こちらの情報が奪われたり、不正利用されたりしてしまいます。不正アプリはインストールしないことが重要ですが、正規のアプリにおいても権限設定を検討しましょう。また、不正アプリをダウンロードしてしまった場合には速やかにアンインストールすることも重要です。

5 / 05 ウェブサイトを見ただけでマルウェアに感染「ドライブバイダウンロード攻撃」

　ドライブバイダウンロード攻撃とは、広く公開されているウェブサイトが改ざんされ、そのサイトを見るだけでマルウェアに感染するというものです。ユーザーが気づかないように攻撃者はマルウェアのダウンロードとインストールを試みるもので、過去に多くの事例があります。

ドライブバイダウンロード攻撃の概要

　この攻撃はウェブサイトの改ざんと同時に行われます。攻撃者側は既存のサイトを改ざんし、そこにリダイレクトコードというものを埋め込みます。このリダイレクトコードによって、ユーザーは正規のものではない、攻撃者が用意した不正なウェブサイトに誘導されてしまいます。このとき、表面上は正規のサイトが表示されているのですが、その裏でマルウェアをダウンロードし、感染してしまうというわけです。

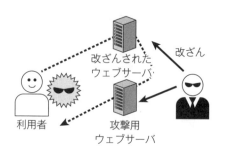

①	攻撃者がマルウェアをダウンロードさせるためのウェブサイトを作成
②	ターゲットとなるウェブサイトを改ざん
③	利用者がウェブサイトにアクセス
④	リダイレクトコードにより攻撃用ウェブサイトに誘導される
⑤	マルウェアに感染

　ドライブバイダウンロード攻撃ではサービスの提供側がウェブサイトを改ざんされないための取り組みを行う一方で、攻撃者側がそれをかいくぐる試みを行うといういたちごっこが続いています。利用者側の対策としてはOSのアップデートやウイルス対策ソフトの導入など基本的なものが中心となります。

まとめ

　ドライブバイダウンロード攻撃は広く公開されているウェブサイトが改ざんされてマルウェアに感染するものです。対策としてはOSのアップデートやウイルス対策ソフトの導入など基本的なものが中心となります。なお、この攻撃ではパソコンだけではなく、過去にはAndroid端末への被害事例も生じています。

5 / 06 身代金要求型 マルウェア （ランサムウェア）

　ランサムウェアとは、感染したPC端末の中にあるファイルや、その端末からアクセス可能なネットワークにあるファイルを暗号化して使えなくし、データを元に戻すことと引き換えにビットコインなどで身代金を要求するマルウェアです。

ランサムウェアの概要

　ランサムウェアは、身代金を意味する「Ransom（ランサム）」と「Software（ソフトウェア）」を組み合わせた造語で、ここ数年で増加しているサイバー攻撃です。特に2017年頃には、ランサムウェアの一種である「WannaCry」が世界中で多くのコンピュータに感染し、大規模な被害をもたらしました。WannaCryでは国営医療サービス事業を行っている機関において手術の中止や診療が行えないといった被害が生じました。また、2021年にはアメリカのパイプライン会社であるコロニアル・パイプラインが大規模攻撃の被害に遭い、440万ドルを支払うことになったという報道もありました。

ランサムウェア感染の例

　ランサムウェアはリモート接続機器の脆弱性を狙うケースや、メールに添付されている不正なファイルの開封、そしてメール本文にあるURLにアクセスしてしまうことで感染する例も報告されています。次の画面は「Locky」というランサムウェアに感染してしまった際に、パソコン画面上に表示される脅迫文です。

ランサムウェアLockyに感染してPC画面上に表示された脅迫文の例

ランサムウェア攻撃の手順

　これまでの攻撃は攻撃者側がランサムウェアを添付したメールをばらまく手法が主流でしたが、近年では特定の企業や組織を狙った標的型の攻撃が主流となっています。そして、攻撃もただ単に暗号化して身代金を求めるのではなく、奪ったデータを公開すると脅して、より身代金を得やすいようにするものに変化しています。

①侵入	ネットワークの脆弱性などを狙って侵入します。コロナ禍において VPN やリモートデスクトップの利用などが増えましたが、そういった部分が狙われやすくなっています。
②侵入範囲の拡大	侵入に成功すると、成功したことがわからないように範囲を拡大していきます。この段階では各種の管理者権限を奪うことが目的となり、その管理者権限を使って自らのログなども消去していきます。
③データの窃取	攻撃者は管理者権限などを使い、PC 端末やネットワーク上に保存されているデータを盗んでいきます。このデータは脅迫に使われます。
④データの暗号化	保存されているデータを暗号化、もしくはシステムを停止させます。この段階で攻撃者側のログなどはすべて消去されています。そして、メールなどによって制限時間付きの脅迫文を送付します。
⑤二重脅迫	被害側が応じない場合には「データを公開する」などといってさらに脅迫してきます。データの公開先は、通常の方法ではアクセスできず、犯罪等に用いられる「ダークウェブ」などで行われます。この場合、データの一部だけを公開して、身代金を払わなければ公開範囲を拡大すると脅迫するケースが多くなります。
⑥さらなる脅迫	それでも身代金が払われない場合は、被害企業の取引先に「あの会社はサイバー攻撃を受けています」などと連絡をしたり、被害企業に DDoS 攻撃を行ってサービスを停止させるなどして、身代金を支払うように仕向けます。

ランサムウェア攻撃への対応策

　ランサムウェア攻撃を受けて暗号化されたデータは、被害側で復旧することはほぼ不可能であり、攻撃者側に身代金を払ったとしても、元に戻る保証はないと言えます。このため、データのバックアップをとること、特に上記のようにネットワークに侵入する手法のランサムウェア攻撃では、バックアップファイルも暗号化されるおそれがあります。そこで提唱されている方法の1つに「3－2－1ルール」があります。

　3－2－1ルールとは、バックアップすべきデータは、元データの他に2つのコピーを用意し（データが3つ存在することになる）、そのうち2つは2種類以上の媒体に保存すること、そして1つは物理的に離れた場所に保管するというルールです。このとき、ランサムウェア対策としてはネットワークから切り離した場所、すなわちオフサイトで保管するのが望ましいと言えます。

　このほかにも、ネットワーク機器などの脆弱性をなくすことや、セキュリティの強化を行うことは言うまでもありません。また、実際に被害に遭ってしまった場合には、後述するような組織での対応が必要となってきます。

まとめ

　PC端末やネットワークにあるファイルを暗号化して使えなくし、データを元に戻すことと引き換えにビットコインなどで身代金を要求するのがランサムウェアです。ランサムウェア攻撃を受けて暗号化されたデータは、被害側で復旧することはほぼ不可能であるため、バックアップなどで対策を取ることが重要です。

不用意な公開

　スマホやSNS設定のミスから、自分の個人情報を公開してしまい、様々な被害に遭ってしまうケースが増加しています。ここではどのような点に気を付ける必要があるのか見ていきます。

写真に含まれる位置情報

　スマートフォンにはGPSなどによる位置情報を写真に記録する機能があります。このため、撮影した写真をSNSに投稿したり、他人に送ったりする場合は、位置情報が含まれていないか気をつける必要があります。

　例えばiPhoneの場合では、下記の操作で設定を確認することができます。スマホのホーム画面から、「設定」→「プライバシー」→「位置情報サービス」をタップします。

　すると、位置情報サービスを利用しているアプリがすべて出てくるので，ここでアプリごとに「許可する」と「許可しない」を選択することができます。自ら自分の居場所を公

開することで、バーチャルストーカーの被害に遭わないように注意しましょう。

こちらの写真は、スマホを使用して、筆者の所属先である大学の会議室で撮ったものです。

写真をクリックしてファイル情報を見ると、写真を撮った場所の住所と地図までが表示されます（校舎北寄りの会議室内で取ったので、そこまでわかってしまいます）。

また、位置情報を記録していなくても、写真に写った風景から撮影場所が特定される恐れもあります。自宅で撮った写真をSNSにアップしてしまったことで、自宅住所を自ら公開してしまうケースが見受けられますので、自宅で写真を撮る際はカーテンを閉めるなどの配慮が必要です。

そもそも攻撃の対象にならないための対策とは

実は、個人のセキュリティ被害の多くは、自らが情報を公開しているがために発生していることが大半です。よって、少しの正しい知識を持っていることで、セキュリティ事件や事故を未然に防ぐこ

ともできます。

①　不用意に公開範囲を広げない／不用意な投稿をしない

　公開されるとは知らずに、SNSにプロフィールや住所、電話番号などを記載してしまう場合や、自らの生活や家族構成などを投稿してしまうと、詐欺行為や実社会での嫌がらせに利用されるケースがあります。Facebookでは、非公開のグループだったとしてもグループメンバーを検索で見つけることができてしまいます。

　Facebookのグループ設定では、「非公開」でも、グループ名やグループメンバーは誰にでも見つけられてしまうため、「非公開」でなく「秘密」設定でないといけないケースが多いです。

	公開	非公開	秘密
グループ名の公開範囲	すべて	すべて	現在のメンバーと以前のメンバー
グループのメンバーは、誰が見ることが できますか。	すべて	すべて	メンバーのみ
検索でグループを見つけられるのは、誰ですか。	すべて	すべて	メンバーのみ

② 「非公開」「公開」の意味を正しく理解し、適切な公開範囲を設定

　例えば、Facebookの公開範囲設定として「友達の友達」という
カテゴリーがありますが、友達の平均を仮に130名、それぞれの友
達の半分が重複しているとした場合には、友達の友達は約8,500名
になります。その中には、信頼できないアカウントが含まれる可能
性も高いため、友達の友達は、実は無制限の公開とあまり変わらな
いと考えたほうがいいでしょう。

まとめ

　SNS上で個人情報が知られて問題になるケースの多くは、自
ら情報を公開していることが原因となる場合が多いです。公開
設定や過去の投稿内容を見直し、安全に使えるようにしましょう。

予期せぬアプリ連携

　スマートフォンのアプリでは、例えばお絵描きアプリで書いた画像をSNSにアップすることができたり、SNSから宅配便のアプリに飛ぶというような連携を行うことができます。便利な反面、色々なアプリ間での連携を利用者が知らぬ間に行なっているケースも多く、注意が必要です。

スマートフォンのアドレス帳の同期で予期せぬことに

　スマートフォンのアドレス帳をアプリでも利用することで、いちいちメールアドレスを入力しないで済んだり、知り合いをすぐに見つけることができます。しかし、設定内容とその影響を理解していないと、アドレス帳を同期することで予期せぬ結果につながる場合があります。

　例えばAndroid上で、「設定」→「アプリケーション」→「Facebook」→「許可」で、「カレンダー」と「連絡先」が「ON」になっている場合には、自動的にFacebookでつながっている人たちが公開しているメールアドレスや電話番号および誕生日が標準のカレンダーや

連絡先に追加されてしまう状態になります。仲の良い友達同士であれば便利かもしれませんが、ただの知り合いの場合には、勝手に追加されてしまうことは「大きなお世話」になってしまいます。

LINE と Facebook の連携で勝手に「お友達申請」を

　メッセージアプリとして広い範囲で使われている LINE は、Facebook と連携させて登録することができます。連携している場合、Facebook で友達になっている人が LINE を使っている場合に、自動的に友達に追加されます。便利な機能ですが、その Facebook が仕事上の付き合いだけにしたい人だった場合、そして LINE は身内だけで使いたいといった場合に LINE の友達申請が出されてしまい、困ってしまうことがあります。

　このような状況を避けるためには、設定を確認する必要があります。確認するためには、LINEの設定ページの「アカウント」へ進みます。Facebookとの連携を解除するには、ここで「解除する」をタップすればOKです。

　このように、自分が使用するアプリに関する設定内容は、自身でも確認することが必要です。また、一度確認した設定であっても、アプリのバージョンアップなどの際に変更になっているケースもあるので、定期的に確認することも必要です。

まとめ

　スマートフォンのアプリの連携機能は便利かもしれない一方で、利用者自身が把握していないところで勝手に設定されている可能性もあります。自身が普段使っているアプリが勝手な連携を行っていないか、確認することが重要です。

オプトアウト／
オプトイン

　みなさんは「オプトアウト／オプトイン」という言葉を聞いたことがあるでしょうか？　SNSの収入源の多くは広告収入である点と、SNSはグローバル標準である点を理解するためにもオプトアウト／オプトインについて理解しておくことが必要です。

SNSの収入源は

　SNSの多くは無料のアプリケーションです。無料であるために多くのユーザーに広まり利用されています。でも、なぜ無料で利用できるのでしょうか？　SNSサービスの中でも収入源として広告収入の占める割合の高いFacebookは、2012年には約86％が広告収入でしたが、その比率はさらに上がり、2018年以降は98％程度とほとんどが広告収入で成り立っています。つまり広告収入で企業の利益を得ていることがわかります。

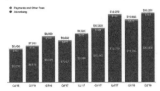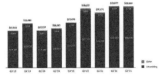

出典：Facebook 決算報告より

　Facebook自体が提供しているのは、昔の知り合いとまた出会えることや、グループを作ることによって新たなコミュニティができるネットワーキングサービスですが、企業の競争力の源泉としては、会員登録時に入力した生年月日や興味関心、居住地といった、精緻な個人情報なのです。そしてそれが「○○地域に住んでいる独身男性向けの広告」といったように、従来のようなテレビを中心とする幅広い広告から、狙った層に向けた広告を可能にしたのです。このように、ユーザーの興味関心に合わせて表示される広告のことを「行動ターゲティング広告」といい、ログイン情報や位置情報などのデータから、あなたがどんなことに興味があるのかを分析し、それに合わせた広告を行います。

SNSの広告と個人情報保護法

　行動ターゲティング広告におけるユーザーのデータは、Cookieなどの形で収集され、SNSを運営する会社から広告会社に共有されます。「初めて知った！」という方も多いかもしれませんが、SNSのプライバシーポリシーなどにその旨が記載されています。

　例えばFacebookでは、利用者が投稿する写真などのコンテンツ、宗教や性的嗜好、友達やフォロワーなどとのつながり、連絡先情報といった情報が収集されます。そして、パートナーと呼ばれる第三者などに、広告などの目的で共有されます。

　令和2年の個人情報保護法改正に伴い、この際に収集される

Cookie などは個人関連情報とされ、広告会社がこうしたデータを取得する際には、あらかじめ本人の同意を得なければならないこととされました。しかし、私たちの多くが普段SNSを使っていて「そんなことを聞かれたかな？」と思うはずです。ここで出てくるのがオプトアウト／オプトインという考え方です。

オプトアウト

　SNSの多くは、基本的に個人情報を公開する形で運用されているため、データ収集や第三者へのデータ提供を止める手続きが必要です。この手続きのことをオプトアウト（停止が求められたときに対応する）といいます。メールマガジンなどを受信している場合に、「もうこのメールマガジンは読まないな」と思った際に配信停止の手続きを取るイメージです。

　最近では、よくMLB（メジャーリーグ）選手の契約で、オプトアウトという言葉を聞きますが、その場合には「選手側から契約を途中で見直したり、破棄してFA（フリーエージェント）になったりすることができる権利」のことになりますが、「自ら求める」「自ら申し出る」という点において、同様の意味になります。

オプトイン

　個人情報保護法では、顔写真や人種、心身の障害などの要配慮個人情報はオプトアウト方式で第三者に提供することはできません。もしマッチングアプリにFacebookの顔写真の情報を連携させるのであれば、本人の同意が必要となってきます。このように、ユーザーの意志によってデータ提供や広告の許可をする方式がオプトイン（事前確認）方式です。

　何かのサービスの会員登録時に「メールマガジンを受け取る」というところにチェックを入れて、サービス提供企業のメール送信を許可する、もしくは依頼するというパターンもあります。

SNS利用は、日本人感覚ではなく、グローバル標準で

　日本人の感覚では、このような個人情報を収集されるのは、オプトイン方式であってほしいと思うかもしれませんが、世界中に開かれたインターネットやSNSはオプトアウトがグローバル標準で

す。よって、プロフィールなどに記載した利用者の住所や電話番号が、意図せず公開されてしまったケースも少なくありません。このような場合はデフォルト（標準）の設定が制限なしの「公開」となっていることが原因であることも多いのです。投稿や写真などについてもデフォルトが公開になっているものが多いので、公開範囲に注意する必要があります。

　昨今では、個人情報保護の観点からもオプトアウト前提の標準設定が問題視され、見直しの動きも出ていますが、まだまだ個人で設定内容を意識して、定期的に確認することが必要です。

> ### まとめ
>
> 　SNSは広告収入が主なので、その広告のためにあなたの個人情報が第三者に提供される場合があります。それらの情報はオプトアウト方式で提供され、あなたが停止の手続きを取らない限り提供され続けます。もし提供されることに抵抗があれば、SNS等の設定を確認することが必要です。

5／10 不適切な発言からの炎上事例

　今やSNSなしの生活が考えられないほど、SNSは人々の生活に密着しています。しかし、そのSNSの不適切な使用により、炎上（批判的な意見が集中すること）による会社の信用失墜や、企業情報の漏えいから経営へ重大なインパクトを与えてしまうケースもあります。

不適切な発言から、思わぬ大炎上も

　当人は特に意識していないでSNS上に投稿した内容が、他の人から見た際には大きな問題であると捉えられる場合があります。特に企業から発信する場合には、多方面からの視点で問題がないかの確認が必要になります。過去には次のような事例がありました。

公式X（旧Twitter）からの投稿で炎上

・某アミューズメント施設の公式Xアカウントが8月9日に「なんでもない日おめでとう。」と投稿し、炎上しました。これはなぜでしょうか？

　その理由は、8月9日が長崎の「原爆の日」であることから「なんでもない日じゃない」と問題となりました。

・投稿は、「誕生日でない残り364日」を祝うというもので、「A VERY MERRY UNBIRTHDAY TO YOU!」というメッセージも合わせて投稿されていました。当然炎上させる意識はなかったはずですが、他の方からしたらそれが「けしからん」「とんでもないことだ」と思われるケースもあるため、一般の多くの方へ公開する場合は、細心の注意が必要です。

業務上知り得た情報をSNSでつぶやいてしまい、結果情報漏えいへ

・銀行員が、自分の娘に来店した芸能人の個人情報を漏らし、娘がツイートしたことで大問題になったケースもあります。その投稿内容は下記のような内容でした。

「母が帰ってきたら○○くん情報たくさん頂こう。住所はざっくりとはさっき電話で教えてもらったし」

「この前○○さんの免許証顔写真のコピーをとってきた（笑）」

・この個人情報の漏えいについて銀行は事実を認め、謝罪文を発表することとなりました。このように本人でなくても間接的に情報の漏えいが起こるケースもありますので、注意が必要です。また、このレベルの騒動にまで拡大してしまうと、当事者個人の責任ではなく、企業や組織の責任に発展してしまうこともあり得ますので十分な注意が必要です。

Xでの炎上事件が多い理由

　炎上はFacebookやInstagram、TikTokといったSNSよりも、特にXで起こりやすい傾向にあります。その原因には次の点が挙げられます。

① 匿名性という油断

　匿名性が高いSNSでは、皆に注目される投稿を行って大きな反響を得たいという欲求もあいまって、心に油断がおき過激な投稿に走らせている傾向があります。

② 拡散力

　Xのユーザーは若い世代が多いということもあり、仲間に向けて発信している傾向が多いものの、基本的に公開状態で発信しているため、鍵アカウントでない限り誰でもその投稿を見ることが可能です。違法行為や不謹慎な行為が炎上目的のアカウントに拡散されてしまうと、仮に自分のフォロワーが数十人であっても、あっという間に拡散していきます。

　また、いったん鎮火したと思っても、閲覧数を増やすことで報酬を得ている「炎上仕掛け人」のアカウントは、数カ月・数年後にまたその内容を投稿することがあります。

③ プライベートアカウント併用による誤爆ツイート

　アカウントを誤ってポスト（ツイート）して炎上してしまうケースもあります。公式用のアカウントとプライベートなアカウント、俗に裏垢（うらあか）とも言いますが、Xでは簡単に複数のアカウントが持て、切り替えも容易なので、2つ以上のアカウントを持っている人が少なくありません。プライベートアカウントでポストしたつもりで、間違えて公式アカウントでツイートしてしまう炎上事

件も起きています。

まとめ

現在SNSは生活に密接にかかわっています。個人で利用しているSNSであっても、1つの投稿が企業や組織を巻き込む大事件に発展してしまう可能性があります。公式アカウントからの発信であれば、その内容により一層の注意が必要です。

⑪ フェイクニュースと 不適切な拡散

SNSやブログで流される、ニュースに見せかけて意図的に発信されたウソの情報をフェイクニュースと呼びます。フェイクニュースの影響で、選挙結果や政治状況が変化する可能性もあります。

本人は、面白半分でのフェイクニュースが大事件に

2016年に発生した熊本地震の際に、動物園のライオンが逃走したという情報を流した会社員の男が、動物園の業務を妨害したとして、熊本県警に逮捕されるという事件がありました。

熊本地震が起きたのは夜間のことでした。地震直後、動物園では3名の職員が当直にあたっていましたが、倒壊などによる自らの命の危険を感じながら「猛獣を確認しなければいけない」という思いで、ひび割れた地面を猛獣舎まで進みました。

おいふざけんな、地震のせいでうちの近くの動物園からライオン放たれたんだが
熊本

Twitterでのフェイクニュース投稿例

檻の中の寝室に猛獣たちの姿を認めた時は心からほっとしたそうです。

　一方で逮捕された男は、地震の直後「おいふざけんな、地震のせいでうちの近くの動物園からライオン放たれたんだが　熊本」という文章と、市街地を歩くライオンの写真を投稿しました。このポストは不安に思う人々によって1時間で2万件あまりもリポスト（リツイート）され、動物園には確認の電話が相次ぎ、その他の動物たちの安全を確認しなければならない職員たちの業務に大きな支障をもたらしました。

お金もうけのビジネスとしてのフェイクニュース

　海外のニュース記事には広告が埋め込まれているものがあります。多くの人が記事にアクセスして広告がクリックされると、発信者に収入が入る仕組みとなっているため、貧困層がビジネスとしてフェイクニュースを作成・拡散している場合があり、広く拡散されることで「どうやら本当らしい」と信じ込んでしまうこともあります。

　2016年の米国大統領選挙の際には、アメリカから9,000km以上離れたマケドニアという国に住む若者たちが、大量のフェイクニュースを作成していた事件がありました。彼らはフェイクニュースを発信する複数のウェブサイトを作成し、それをSNSなどの偽のアカウントで拡散させ、それを読んだ人たちがシェアすることで報酬を

得ていました。それらのフェイクニュースの多くは、ドナルド・トランプ前大統領を擁護するものでしたが、彼らにはトランプ氏を勝たせたいという意図はなく、ただトランプ氏に関するフェイクニュースを作れば人々が拡散しやすいということのためでした。

加害者にならないために

　SNSには「拡散希望」として発信されるものがあります。本当に誰かに知ってもらいたいこともこれまでに多くありましたが、安易に情報を広めることで、場合によってはフェイクニュースを拡散し、自らが加害者になってしまう可能性もあります。

　茨城県の常磐自動車道で2019年に起きたあおり運転事件では、犯人の「同乗者の女」と勝手に決めつけられた女性が、その情報を拡散させられ、名誉を傷つけられたとして、元議員を訴えた事例がありました。この女性の主張は「名誉を傷つけ、社会的評価を低下させた」と認められ、裁判で元議員側に賠償判決が出ています。

　また、このあおり運転事件では、多くの人がデマ情報をリポストするなどして拡散してしまいましたが、その中の1人は新聞社の取材に対し「絶対に許されない事件の犯人を、メディアよりも早く特定するという高揚感があった」と話したということです。

フェイクニュースの確認方法

　同じ意見をもつ人が集まる場では、意見が極端になる傾向があります。特に犯罪行為など「許せない」といった怒りの感情は、喜びや祝福の感情より拡散しやすく、その中にいると「でも本当にそうなの？」といった客観的な視点が失われ、自分たちの信じることを優先してしまいがちです。あるニュースをリポストしようと思ったら、その前に次の点に注意してみてください。

---

①他のニュースソースを確認する。
特にネットニュースなどでは、書いた人の主観に基づくものや、誤りなのに訂正されていないもの、フェイクニュースなどが混じることがあります。NHKや新聞社のニュースサイトでは同じ事件をどう報道しているか確認しましょう。

---

②発信元を確かめる
そのニュースを発信したのは企業でしょうか。それともまとめサイトに代表されるような個人のものでしょうか。たとえ企業であっても、フェイクニュースを定期的に発信するサイトや、ジャーナリストを称する人物の推測記事かもしれません。

---

③いつ書かれたものか確かめる
例えば、「世界一高いビル」は変わっていきます。ニュースの作成日や更新日を確認しましょう。

---

④一次情報にあたる
長いコメントなどでは、ニュースの発信側の都合で一部が切り取られる場合があります。その一部の内容で、コメントを発した人物の意図が誤解されることもあります。そういった場合は、コメント全文などで確認することが必要です。

まとめ

　フェイクニュースとは、ニュースに見せかけて意図的に発信されたウソの情報のことをいいます。SNSの場合、誰もが容易に情報発信できることから、フェイクニュースには至らなくとも、正しくない情報もたくさんあります。このような情報を見かけて、拡散したくなったとしても、一度その中身について確認する必要があります。

4
12 ソーシャルエンジニア リング

　サイバー攻撃というと、高度の技術を持ったハッカーがネットワークから攻撃してくるイメージがありますが、そういった技術的な攻撃だけでなく、人の心理的な油断やミスにつけこんだ「ソーシャルエンジニアリング」と呼ばれる攻撃手法があります。

ソーシャルエンジニアリングの概要

　ソーシャルエンジニアリング攻撃とは、人の心のスキを狙ったサイバー攻撃です。もともとは「社会工学」という意味で学問の領域でしたが、サイバー攻撃の手法として認知されることが多くなってきています。具体的には次の手口が挙げられます。

①ゴミ箱あさり（トラッシング）

・ソーシャルエンジニアリングの古典的な手法です。重要な文書がシュレッダーにかけられず、組織内の「リサイクルボックス」などに廃棄されているような場合に、その中から機密文書を探ることなどをさします。また、廃棄されたUSBやHDDから情報を抜き取る行為なども含まれます。

②なりすまし

・上司になりすましてネットワーク担当者にIDやパスワードを確認する電話をかけてきたり、パスワードの変更の依頼をすることなどがあります。

③のぞき見

・のぞき見はサイバー攻撃だけでなく、「もし社内に悪意のあるユーザーがいたら？」という点でも特に注意すべき点です。例えば社外のカフェで作業中に、その作業内容をのぞき見る、またはATMで暗証番号を入力するときの手の動きを、後ろから肩越しにのぞき見る、といったことがあります。社内で自分の使用するPC端末に自分のIDとパスワードが付箋で貼ってあった場合は、だれかがそれを使ってログインするようなこともあるかもしれません。
・これはPC端末に限りません。たとえばデスクに広げた書類に人事情報が書かれていて、他の社員から見ることのできる状態だったとか、鍵のついていない引き出しに利用者の個人情報が保管されていて、それを見られたら、という場合も該当します。

　サイバー攻撃はソーシャルエンジニアリングから始まるという考え方もあります。標的となる組織の社員やアルバイト、掃除業者などの構成員となってIDやパスワードを盗み出し、それをきっかけに侵入するというものです。

ソーシャルエンジニアリングに対する対策

近年では中小企業においてもPCの運用管理規程などを定めており、見たことのある人もいると思いますが、次の点に注意することでソーシャルエンジニアリングを防ぐことができます。

・たとえわずかでも個人情報の記載されているような機密書類はシュレッダー処分する。

・移動時を含め公共の場でのテレワークは、機密情報を扱わない。トイレに立つ場合にはPC端末も持っていく。

・社内で〇分以上離席する場合には、ログオフしてパスワードを入力しないと操作できないクリアスクリーン状態にする。

・社内から退出する際は、机に何も置かないクリアデスクを徹底する。

・万が一に備えて、機密情報の保管されている部屋やサーバールームには監視カメラを設置する。

まとめ

人の心理的な油断やミスにつけこんだ攻撃手法のことをソーシャルエンジニアリングといいます。攻撃者たちは常に新たな攻撃方法を探しているので、社内外でそのきっかけを作らないよう、自らがデータやID/パスワードの管理に注意する必要があります。

5
13 ディスク内のデータを 完全に消去する方法

　私たちは普段、PCのデスクトップにあるファイルを消去すると
きに、いったん「ゴミ箱」に入れて、その後「ゴミ箱を空にする」
などの方法を取っていると思います。もしくはゴミ箱に入れるだけ
で、PCの更新などのタイミングが来るまでずっとそのままという
方も多いのではないでしょうか。

　「ゴミ箱」を見たことのある方ならわかると思いますが、ゴミ箱
に移動してもデータは容易に元に戻せます。そこで「ゴミ箱を空に
する」をしたあとでそのデータはどうなるかわかりますでしょう
か。この場合もデータは復元することができます。もしPCを廃棄
するのであれば、データの完全消去を行うことが欠かせません。

「ゴミ箱を空にする」で消去したデータ は容易に復元可能

　たとえ「ゴミ箱を空にする」にしたとしても、データ復元ソフト
を使うことで簡単にデータは復元できます。また、マルウェアに感
染したPCは初期化作業を行うことがありますが、あらかじめ「復
元ポイント」を作成しておけば、そのポイントにまでさかのぼって

復元することができます。データ復元ソフトや専門業者に依頼しても復元できることは言うまでもありません。

HDDの流出事例

2019年には、ある県が廃棄を依頼したHDD（ハードディスクドライブ）が、情報機器の処分を請け負う会社の社員によって、データが入ったままネットオークションにかけられるという事件が発生しました。このHDDの中には納税に関する大量の個人情報が入っていたということで、落札した人がデータを復元することができたということです。その県は流出した18個のHDDを回収することとなったほか、会社側は2024年1月現在に至るまで、情報漏えいの被害がないか確認を行っています。

HDDのデータを完全消去する方法

データを二度と復元させない「完全消去」には物理的な方法を取ります。具体的には、コンピュータ内部から記憶媒体を取り出し、ハンマーやドリルなどで破壊します。また、CD-ROMなどは裁断したり、盤面に傷をつけたりします。紙媒体ではシュレッダーにかけるほか、専門業者に箱を渡し、箱ごと液体で溶かすという溶解処理もあります。

これらの作業においては、依頼する業者との間で秘密保持契約を

締結し、依頼元の組織の担当者の立ち合いのもとで行われる場合が一般的です。

> **まとめ**
>
> 　PC上のファイルは「ゴミ箱」にいれるだけでも「ゴミ箱を空にする」だけでも消去することはできず、適切な処分が行われなければデータを復元することで情報が漏えいするリスクがあります。このため、記憶媒体を処分する際には物理的な破壊を行います。

Chapter.

6

セキュリティ運用と管理

この章では、インシデントが発生した際の運用と
管理について説明しています。

6
01 セキュリティポリシー

　セキュリティポリシーとは、組織や集団における情報セキュリティの方針と、何かしらの事象が発生した場合の対策について示したものです。

セキュリティポリシーの必要性

　私たちは普段、自分のスマートフォンを使うときには自分なりのルールに従って使っていると思いますが、組織のPCなどの端末を使う場合には、個人と異なるセキュリティに対する仕組みや考え方が必要となってきます。例えば、組織が保有する情報資産は、誰か一人が使うのではなく、組織のメンバー間で共有して使用しています。そして共有された情報資産は、あらゆる脅威からの漏えいを防がなくてはいけません。このとき組織のメンバーすべてに、情報を預かるという責任が発生しているのです。この責任を果たすためには、Aさんのセキュリティ意識と、Bさんのセキュリティ意識に乖離があってはいけません。組織で統一したルールを作成し、メンバーがそのルールに一貫して従う必要があります。そしてそのルールとなるのがセキュリティポリシーなのです。

情報セキュリティポリシーの構成

情報セキュリティポリシーは、基本方針と対策基準、そしてその下に各手順をまとめた文書で構成されることが一般的です。

基本方針	組織のマネジメントレベルで作成される指針です。通常抽象的な内容であり、改訂がおこなわれることもほとんどありません。
対策基準	基本方針より具体的内容に踏み込んだものです。数年単位での見直し作業が発生します。
各手順（規程）	担当者レベルでどのようなことを守らなければならないか具体的に記述した書類群です。

セキュリティ対策に積極的に取り組んでいる企業などでは、以下のようなピラミッド構造で基本方針を公開している場合もあります。

なお、これらの規程類の策定にあたって、文書体系の参考となるのが情報セキュリティマネジメントシステム（Information Security Management System：ISMS）です。ISMSは情報セキュリティの国際規格でもあり、方針・規程・手順・記録類といった分類で文書化の構造を示しています。

運用管理規程

　運用管理規程は社内システムの運用についてまとめた文書であり、組織が所属する業界などの法令やガイドラインに従う必要があります。運用管理規程では次のような内容を記載します。

・総則

・管理体制

・情報資産の分類と管理

・管理者および利用者の責務

・人的/物的/技術的セキュリティ

・教育と訓練

・監査

・規程の見直し

・罰則

まとめ

　セキュリティポリシーとは、組織や集団における情報セキュリティの方針と、何かしらの事象が発生した場合の対策について示したものです。情報を預かるという責任を果たすために、組織で統一したルールを作成し、メンバーがそのルールに一貫して従う必要があります。

6 / 02 インシデントハンドリング

　インシデントとは情報システムにおいてサイバー攻撃をはじめとする、セキュリティ上の問題が発生することです。

　インシデントは適切に対応しなければ被害を拡大させてしまいます。そのためにもマニュアルの整備が欠かせませんが、参考となるのが日本国内においてインシデント報告の受付対応や、インシデント情報の国内外との情報連携などを行っている「一般社団法人JPCERTコーディネーションセンター（JPCERT/CC）」が公開している「インシデントハンドリングマニュアル」です。

インシデントハンドリング 4つのフェーズ

　インシデントハンドリングマニュアルでは、インシデント全般に対して共通したフローとして4つのフェーズに分類しています。

① 検知／連絡受付

インシデントの発生を
検知するフェーズです。
検知の方法には、自組織
内で検知する方法と、外
部からの通報によって検
知する場合があります。

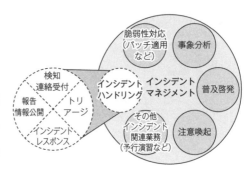

自組織内で検知する場合は、例えばシステムの保守作業の際や、
IDS/IPSからによるものがあります。また、外部からの通報では、
自社のドメインをもつメールアドレスが不審な内容のメールを送っ
てきたなどというクレームの電話などから検知します。

発見した人は、その内容を情報システム担当者などに連絡しま
す。連絡を受けた情報システム担当者はまずトラブルの起きている
端末等の他でも障害が起きていないかなど、インシデントの範囲を
確認します。

② トリアージフェーズ

医療用語の「トリアージ」と同様に、どのインシデントに対応す
るかの優先順位をつけるフェーズです。

情報システム担当者が現場でのヒアリングなどを通じて情報収集
を行い、そのインシデントがどれくらいの影響を与えるかを確認し
ます。インシデントには「プリンターが起動しない」など軽微なも
のから「社内システムがダウンしている」まで様々なものがありま

すが、あらかじめ「○時間システムが停止するならレベル3」といったような、レベル付けを行っておくのが良いでしょう。そして、影響の範囲に応じて、経営層や関連する部署への連絡も行います。

③　インシデントレスポンスフェーズ

　優先順位がつけられた脅威に対して対応していくフェーズです。対応すべきインシデントに対して、事象の分析を行い、対応計画を策定します。必要であればシステムベンダなど外部の専門家に連絡を取って復旧作業を行います。サイバー攻撃はいつ起きるかわからないため、自分たちが提供するサービスの内容によっては24時間連絡できる体制を構築しておくことも考えられます。

　なお、システムが一定時間使えないなどの場合には紙の帳票でやり取りすることも考えられます。

④　報告・情報公開フェーズ

　必要に応じて外部への報告を行うフェーズです。もし病院であれば「ただいま○○システムのトラブルにより、呼び出しシステムが表示されておりません」などといった放送を行う必要がありますし、航空会社の予約システムにインシデントが発生すれば、自分たちのウェブサイトにプレスリリースを出すことや、各種メディアに連絡する必要があるかもしれません。金融機関においては金融庁への報告など、監督官庁への報告も検討に入れる必要があります。

まとめ

　インシデントとは情報システムにおいてサイバー攻撃をはじめとする、セキュリティ上の問題が発生することです。もし何らかのインシデントが発生した場合、JPCERTコーディネーションセンターの公開しているインシデントハンドリングマニュアルが参考になります。インシデントハンドリングマニュアルでは、検知／連絡受付、トリアージ、インシデントレスポンス、報告・情報公開といったフェーズに分けて対応を紹介しています。

6 / 03 CSIRT

CSIRT（Computer Security Incident Response Team：シーサート）とは、各組織においてインシデントが発生した場合にその対応を行うチームの総称です。日本国内では前項で紹介した「一般社団法人JPCERTコーディネーションセンター（JPCERT/CC）」がリーダーシップをとって情報共有を行っているほか、国際的にも連携しています。

CSIRTの設置

組織のメンバーが、何らかの異常を発見したときには、それを相談する窓口が必要です。一義的には組織の情報システム担当などが対応することと思われますが、一般に情報システム担当はインシデント発生時にその障害復旧に追われることになり、経営陣への報告や社外へのアナウンス、各部署での対応については後手に回る可能性があります。こういった状況に備えて、あらかじめ各部署と横断的にインシデント時の対応を行うメンバー設定を行います。

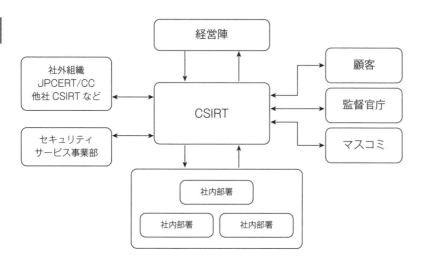

事前準備

　天災などで会社の業務が止まってしまった場合に備えて、事業継続計画（BCP）を策定する企業が増えていますが、その中に情報セキュリティの観点を盛り込むことは、サイバー攻撃から自社のシステムを防衛するのに非常に効果的です。

　さらにCSIRTでは、実際にサイバー攻撃が起きたと想定して訓練を行うことが求められます。これらの訓練を通じて、自分たちの組織の弱点や、実際に被害が発生したときの対応方法について把握することができます。

情報共有

　近年、サイバーセキュリティに効果的な防御策は「他の組織との情報共有」であるということが言われるようになってきました。ランサムウェアの項目で見たように、サイバー攻撃は巧妙さや複雑さがますます進み、一つの企業における迅速な対応には、限界があります。過去に自社にどのような攻撃があったか、それを他社と共有することで、自分たちに攻撃があった場合に適切な対処ができるよう、一般社団法人日本シーサート協議会（NCA）では、インシデント関連情報、脆弱性情報、攻撃予兆情報などを共有する取り組みを行っています。

まとめ

　CSIRTとは、各組織においてインシデントが発生した場合にその対応を行うチームの総称です。インシデントが起きる前の訓練なども行うほか、他の組織のCSIRTと情報共有を行うことにより、セキュリティレベルを高めることができます。

Chapter. 7

サイバー戦争時代の
セキュリティ

この章では、サイバー戦争の時代に突入したと
言われる現在において、すでに起きている事件や
犯罪について説明しています。

7 / 01 サイバー戦争の展開

新たな時代、サイバー戦争の始まり（サイバー兵器の誕生）

　サイバー空間は陸海空に続く第4の戦場と言われていますが、サイバー戦争の始まりは、2010年ごろから始まったと考えられています。

　2010年に、Stuxnet（スタックスネット）というマルウェアが登場しました。このマルウェアを開発したのが米国とイスラエルであり、オバマ元大統領が就任直後にイランに対するサイバー攻撃を指示したとされています。Stuxnetはイランの核施設のシステムに感染し、ウラン濃縮のために稼働していた遠心分離機が1000台以上破壊されたと報じられています。

　米国ではサイバー軍が2010年に発足しており、またそれを受けてロシアや中国などにもサイバー攻撃を専門とする機関が設置されています。なお、日本でも2014年に自衛隊の中にサイバー防衛隊が設置されており、自衛隊に対するサイバー攻撃に備えていますが、2016年には防衛大学校や防衛医科大学校のパソコンが不正アクセスを受け、そこから陸上自衛隊のシステムやネットワークが攻

撃を受けたことがわかり、日本でも他人事ではないといえます。

サイバー攻撃で大規模停電が発生

2015年12月にウクライナ西部で発生した22万5000世帯もの大規模停電について、ウクライナ保安庁は「ロシア政府によるサイバー攻撃によるもの」という声明を出しました。この攻撃では「Black energy」というマルウェアが使われました。電力会社に勤務するエンジニアたちの使用している端末がロックアウトされ、さらに遠隔操作によって電力供給が遮断されるものでした。

サイバー攻撃の報復行為として空爆実施か

2019年5月6日、イスラエル軍は当時のTwitterで「ハマス（イスラム過激派組織）のサイバー工作員が働いている建物に対して空爆を実施した」と発表しました。サイバー攻撃に対して他の手段で攻撃することをハイブリッド攻撃などと呼びますが、これは、サイバー攻撃に対して武力行使が行われた初めてのケースでした。

平昌五輪公式サイト、開会式の最中にサイバー攻撃でダウン

2018年2月9日に行われた韓国の平昌冬季オリンピック開会式の

最中に、公式サイトがサイバー攻撃を受け、一時的にダウンしました。この攻撃にはシステムを破壊するマルウェアが使われたとみられ、公式サイト以外にも開会式の会場の無線LANが使えなくなるなどの被害も発生しました。

オリンピックは世界中からの注目が集まるため、サイバー攻撃も激しくなります。東京オリンピック・パラリンピックでは開催期間中に通信の遮断が必要な4億5000万件の不審なアクセスがあったことが報告されています。

まとめ

サイバー戦争は2010年ごろから始まり、国家のインフラに被害を与える結果となっています。また、オリンピックといった世界的なイベントにおいてもサイバー攻撃の被害があります。日本においてもその影響があるかもしれないということを頭の片隅に留めておきましょう。

7 / 02 自動車に対する サイバー攻撃

ハッキングによる車の乗っ取り

　車の自動運転技術が大きな話題となっていますが、ハッキングの事例も次々に報告されています。

　自動車を動かすシステムには「CAN」と呼ばれる車載ネットワークが使われています。CANはエンジンやブレーキ・ステアリングなどを制御するものですが、一定の方法で乗っ取りをすることが可能であるということが報告されています。例えばJEEPのチェロキーという車種は、カーナビなどのWi-Fiから侵入することができるということがアメリカの「ハッカーカンファレンス」で報告され、140万台がリコールに追い込まれました。

　なお、CANシステムのハッキング用マニュアル「Car Hacker's Handbook」はインターネット上に公開されています。（現在日本語化されたハンドブックも普通に購入できます）なお、このマニュアルに記載されている内容を実際に行った場合、「不正アクセス禁止法」などで取り締まられる可能性もあるので、絶対に試さないようにしてください。

自動車のサイバーセキュリティ規格

　このような状況から、自動車業界においてもセキュリティ対策の重要性が認識されています。2021年には自動車のシステムがサイバー攻撃に対応できるようにすることを目的とする国際標準規格であるISO/SAE 21434が発行されました。

　日本で対象となるのは現在一部の自動車に限られていますが、サイバーセキュリティ基準を満たしていないと販売するための認可を得ることができないようになっています。そうして、現在生産されている自動車については2026年までにサイバーセキュリティ対応のマイナーチェンジが見込まれています。

AIを利用する次世代サイバー攻撃の実態

　サイバー攻撃は今後も巧妙なものが登場し続けていくことは明らかです。この点において AI の専門家たちは AI の悪用について警告しており、その一つに機械学習ポイズニングがあります。

　これは、機械学習によって異常を検知する技術が組み込まれたセキュリティ製品に対し、特定の攻撃を見逃すように仕向けるものですが、この手法を使うと自動運転や、産業ロボットなど、その動作に機械学習を組み込んでいる製品も攻撃対象になりうるということです。実験では、道路標識にステッカーを貼りつけることで、一時停止の標識を速度表示の標識に、誤認させたという自動車の自動運転の事例が確認されています。

まとめ

　サイバー攻撃とは関係ないと思われていた自動車においても、乗っ取りや自動運転技術の AI を使った悪用の可能性があります。自動車メーカーでもこのような事象に対応していますが、広くインターネットと接続できる社会では、サイバー攻撃の可能性があるということを想定しておきましょう。

Chapter. 8

セキュリティ人材不足と
プラス・セキュリティ

この章では、日本で言われているセキュリティ人
材不足と求められる人材の変化について説明して
います。

毎秒約19,000以上のサイバー攻撃を受ける日本

まずはこちらをご覧ください。

　国立研究開発法人情報通信研究機構（NICT）が公開している NICTERというサイトの資料です。この資料は無差別型サイバー攻撃の大局的な動向を把握することを目的としたサイバー攻撃観測・分析システムであり、観測結果の一部が日々公開されています。これによると、アメリカやEU、中国などを中心に、南米・オーストラリア・アフリカなどからも日本に対してサイバー攻撃が行われて

いることを示しています。

　具体的には1秒あたり平均約19,600パケットの攻撃が昼夜問わず続いています。サイバー攻撃のパケットは目に見えないので、みなさんは全く意識していないと思いますが、サイバー空間においてはピストルの弾やら、ミサイルやらが1秒に何発も飛んで来ている状況なのです。そう考えると、全く対策できていない端末で通信している方にとっては、全く生きている心地がしないのではないでしょうか。

サイバー犯罪の被害額

　次にこれらの情報が盗まれると、どれほどの被害がでるのかを考えてみましょう。ある調査機関における2017年の調査では、1年間に世界のGDPの約0.8％に相当する額（66兆円以上）のサイバー被害があったと報告されています。同様な日本だけの調査結果はありませんが、GDPの0.8％の被害となると、日本だと年間約4兆円もの被害がでている計算になります。また、米国連邦捜査局（FBI）の調査では、2021年に69億ドルだった被害額が2022年には103億ドルにまで増加しています。

攻撃対象のシフト

　このように被害額の大きいサイバー攻撃ですが、攻撃者の攻撃対

象もまた変化しています。ウクライナ戦争を契機に、全世界で攻撃の対象となる産業は官公庁が多くなっています。

　また、従来は情報漏えいなどで入手したアドレスにスパムメールを送り付ける「ばらまき型」の攻撃が中心だったのが、ある特定の組織を狙って攻撃を行う「標的型」にシフトしています。さらに、以前の攻撃対象はサーバが中心だったものが、現在は従業員（個人）の端末を狙った攻撃へとシフトしているため、個人のセキュリティ知識が求められる時代になってきています。

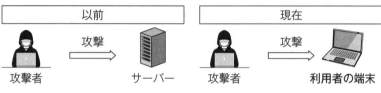

以前	現在
攻撃者　攻撃　サーバー	攻撃者　攻撃　利用者の端末

セキュリティ対策は、
　・システム管理者
　・セキュリティ担当者
の責任だった

現在のセキュリティ対策は、
　・セキュリティ担当者
　・従業員（個人）
の責任も求められる

まとめ

　サイバー攻撃は日々休むことなく行われ、被害額も増加しています。また、攻撃方法も従来の「ばらまき型」から「標的型」へとシフトし、サーバを対象とした攻撃から従業員の端末を狙った攻撃へとシフトしていることから、個人のセキュリティ知識が求められる時代になっています。

セキュリティ人材不足の現状とプラス・セキュリティ人材

日本におけるセキュリティ人材不足数

　2016年5月の日経新聞によると、セキュリティの専門人材が2020年に20万人近く不足することが示されています。この記事が出されて以降、セキュリティ人材不足が叫ばれるようになりましたが、改善されるどころが、人材不足は広がっているのが現状です。また、経済産業省の調査でも、セキュリティ人材不足は一過性の問題ではなく2030年に向けても不足が続くとの予測結果が出ています。

　このように日本では高度なセキュリティ技術を持った人材が不足していると思われていますが、実態はどうなのでしょうか。

不足するセキュリティ人材の内訳

　こちらの図は、2016年の新聞記事の基となった、経済産業省が公開した資料です。

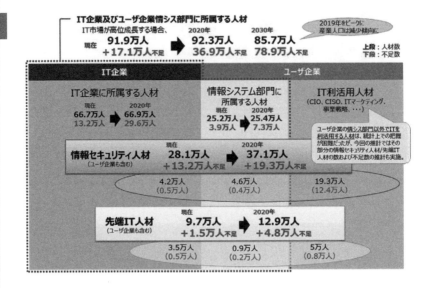

　中央の枠の中にある、情報セキュリティ人材と書いてあるところに注目してください。「現在」と書いてあるところは、この資料が公開された2016年当時の状況です。2016年には28.1万人のセキュリティ人材がいるが、さらに13.2万人足りないということを表しています。2020年になるとセキュリティ人材は37.1万人まで増加する一方で、19.3万人が不足することが想定されています。

　セキュリティ人材の育成や資格認定などを手掛けるISC2という団体が発表したグローバルセキュリティ人材調査の報告書である「ISC^{2}Cybersecurity Workforce Study」の2023年版では日本のサイバーセキュリティ人材数は48.1万人で、必要な人材数は59.1万人と、その間に11万人のギャップがあることも示されています。このように、現在においてもまだセキュリティ人材が不足しているの

が実態です。

不足しているセキュリティ人材の正しい理解

　では、どのようなレベルの人材がセキュリティ人材といえるのでしょうか。経済産業省が公開している「サイバーセキュリティ体制構築・人材確保の手引き」によれば、セキュリティ対策を主たる目的とする業務や役割を担う人材を「セキュリティ人材」と定義し、その業務を次のように分類しています。

①CISO CISO（Chief Information Security Officer）は最高情報セキュリティ責任者のことであり、組織の情報セキュリティ分野における責任者のことをさします。
②セキュリティ統括 経営層や実務者・技術者層とのコミュニケーション、関係部門等との調整の中核になる人材のことをいいます。
③セキュリティ監査 セキュリティマネジメントに関する監査の計画を立案し、監査の実施、報告書の作成などを行います。
④脆弱性診断・ペネトレーションテスト これらの作業を行う実務者・技術者のことをさします。
⑤セキュリティ調査分析・研究開発 上記と同様、分析・研究を行う担当者です。

プラス・セキュリティ人材とは

「プラス・セキュリティ人材」という言葉を生み出した、一般社団法人 日本サイバーセキュリティ・イノベーション委員会（JCIC）のレポートによると、「『プラス・セキュリティ人材』とは、本来の業務を担いながらITを利活用する中でセキュリティスキルも必要となる人材であり、人数的に大きく不足しているのは、プラス・セキュリティ人材である」と報告されています。

従来の日本におけるセキュリティ人材育成は技術重視で進められてきましたが、企業全体のセキュリティリスクを小さくするためには、少数精鋭の高度で優秀なセキュリティ人材を増やすことも必要ですが、営業や制作、事務部門において担当業務を担いつつもセキュリティについても知見のある人材、すなわち「プラス・セキュリティ人材」育成の重要度が増しています。そのことは図からもわかる通り、プラス・セキュリティ人材数は、IT関連企業よりも、事業会社や関連部門において、その数が大幅に不足している状況です。

セキュリティ人材不足数の各部門とスキルレベルとのマッピング

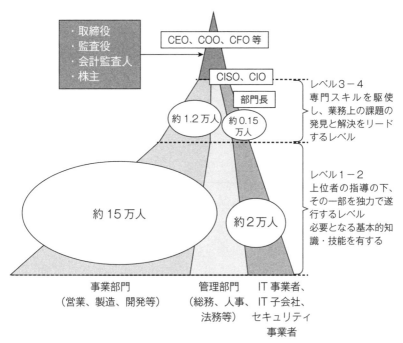

出典：日本サイバーセキュリティ・イノベーション委員会（JCIC）

　毎日世界中からの多くのサイバー攻撃が、あらゆる個人に向けて行われています。一人がその攻撃への対応策を知らないがために所属企業が存続にかかわるような大損害を被る可能性があります。現在のサイバー攻撃はそれほどの影響力があるのです。そして盲点になりがちですが、サイバーセキュリティ上の一番の弱点となるのが、サイバー上の脆弱性ではなく、知識のない個人なのです。

　そのため一人ひとりがセキュリティ知識を身に付けることが必須

の時代になってきています。

各個人がセキュリティスキルを身に付けなければいけない理由とは

サイバー攻撃の対象はシフトしています。IPAの「コンピュータウイルス・不正アクセスの届出状況および相談状況」という調査によれば、ウイルスおよび不正プログラムの検出経路の約9割が個人へのメール経由となっています。

このような状況への変化により、従来はIT部門やセキュリティ部門に所属しているセキュリティ専門家に任せておけばよかったセキュリティ対策が、今では事業部門に所属するメンバー各自で対応しなければならなくなりました。各自がセキュリティ対策をしっかりしておかなければ、企業や組織がいくらしっかりセキュリティ対策を施しても、そこら中に攻撃の対象となる脆弱性ができてしまうのです。

まとめ

セキュリティ人材は増加もしていますが、年々求められる数も増えてきています。近年のサイバー攻撃では、事業部門に所属するメンバーがセキュリティ対策を行う必要が出てきており、一人ひとりが「プラス・セキュリティ人材」として知識を身に付ける必要があります。

本書を通じて、一人でも多くの方が、セキュリティ知識を身に付け、またセキュリティ意識を高めることにより、「安心・安全な社会」が実現できることを切に願っております。

自分ごとのサイバーセキュリティ
手口を理解し、対策を知ろう

2024 年 7 月 1 日　初版第 1 刷発行

著　　者	**平山　敏弘**
発 行 者	延對寺　哲
発 行 所	㈱ビジネス教育出版社

〒102-0074　東京都千代田区九段南 4 - 7 - 13
TEL 03（3221）5361（代表）／ FAX 03（3222）7878
E-mail▶info@bks.co.jp　URL▶https：//www.bks.co.jp

印刷・製本	モリモト印刷株式会社
ブックカバーデザイン	飯田理湖
本文デザイン・DTP	浅井美津
編集協力	山下晋平

ISBN978 - 4 - 8283 - 1092 - 3